U0955602

21世纪普通高等院校系列教材

社会保障概论

SHEHUI BAOZHANG GAILUN

主　编　曹婉莉　蒋莉莉　王伟

西南财经大学出版社
中国·成都

图书在版编目(CIP)数据

社会保障概论/曹婉莉,蒋莉莉,王伟主编 .—成都:西南财经大学出版社,2021.12

ISBN 978-7-5504-5129-2

Ⅰ.①社…　Ⅱ.①曹…②蒋…③王…　Ⅲ.①社会保障—高等学校—教材　Ⅳ.①C913.7

中国版本图书馆 CIP 数据核字(2021)第 236089 号

社会保障概论

主编　曹婉莉　蒋莉莉　王伟

责任编辑:李思嘉
责任校对:刘佳庆
封面设计:杨红鹰　张姗姗
责任印制:朱曼丽

出版发行	西南财经大学出版社(四川省成都市光华村街 55 号)
网　　址	http://cbs.swufe.edu.cn
电子邮件	bookcj@swufe.edu.cn
邮政编码	610074
电　　话	028-87353785
照　　排	四川胜翔数码印务设计有限公司
印　　刷	四川煤田地质制图印刷厂
成品尺寸	185mm×260mm
印　　张	10.25
字　　数	243 千字
版　　次	2021 年 12 月第 1 版
印　　次	2021 年 12 月第 1 次印刷
印　　数	1—1000 册
书　　号	ISBN 978-7-5504-5129-2
定　　价	29.80 元

1. 版权所有,翻印必究。
2. 如有印刷、装订等差错,可向本社营销部调换。
3. 本书封底无本社数码防伪标识,不得销售。

21 世纪普通高等院校系列教材
编　委　会

名誉主任： 张邦富

主　　任： 蒋远胜

副 主 任：

李成文　张　华　周　佩　赵鹏程　董洪清

傅江景

委　　员：

马　胜　王官诚　毛　亮　邓　健　吕峻闽

刘丁豪　刘晓红　杜　漪　李进军　李益彬

杨启智　吴秀敏　张旭辉　陈一君　卓武扬

季　辉　郑元同　钟大辉　郭志钢　黄　萍

曹邦英　淳伟德　傅忠贤　傅新红　谢合明

▶▶ 总序

为推进中国高等教育事业可持续发展，经国务院批准，教育部、财政部启动实施了“高等学校本科教学质量与教学改革工程”（下面简称“本科质量工程”），《国家中长期教育改革和发展规划纲要（2010—2020）》也强调全面实施“高等学校本科教学质量与教学改革工程”的重要性。这是落实“把高等教育的工作重点放在提高质量上”的战略部署，是在新时期实施的一项意义重大的本科教学改革举措。“本科质量工程”以提高高等学校本科教学质量为目标，以推进改革和实现优质资源共享为手段，按照“分类指导、鼓励特色、重在改革”的原则，对推进课程建设、优化专业结构、改革培养模式、提高培养质量发挥了重要的作用。为满足本科层次经济类、管理类教学改革与发展的需求，培养具有国际视野、批判精神、创新意识和精湛业务能力的高素质应用型和复合型人才，迫切需要普通本科院校经管类学院开展深度合作，加强信息交流。在此背景下，我们协调和组织部分高等院校特别是四川的高校，通过定期召开普通本科院校经济管理学院院长联席会议，就学术前沿、教育教学改革、人才培养、学科建设、师资建设和社会科学研究等方面的问题进行广泛交流、研讨和合作。

为了切实推进“本科质量工程”，2008年的第一次联席会议将“精品课程、教材建设与资源共享”作为讨论、落实的重点。与会人员对普通本科的教材内容建设问题进行了深入探讨并认为，在高等教育进入大众化教育的新时期，各普通高校使用的教材与其分类人才培养模式脱节，除少数“985”高校定位于培养拔尖创新型和学术型人才外，大多数高校定位于培养复合型和应用型经管人才，而现有的经管类教材存在理论性较深、实践性不强、针对性不够等问题，需要编写一套满足复合型和应用型人才培养要求的高质量的普通本科教材，以促进人才培养和课程体系的合理构建，推动教学内容和教学方法的改革创新，形成指向明确、定位清晰和特色鲜明的课程体系，奋力推进经济管理类高等教育质量的稳步提高。与会人员一致认为，共同打造符合高教改革潮流、深刻把握普通本科教育内涵特征、满足教学需求的系列教材，非常必要。鉴于此，本编委会与西南财经大学出版社合作，组织了30余所普通本科院校的经济学类、管理学类的学院教师共同编写本系列教材。

本系列教材编写的指导思想是：在适度的基础知识与理论体系覆盖下，针对普通本科院校学生的特点，夯实基础，强化实训。编写时，一是注重教材的科学性和前沿性，二是注重教材的基础性，三是注重教材的实践性，力争使本系列教材做到“教师易教、学生乐学、方便实用”。

本系列教材以立体化、系列化和精品化为特色。一是除纸质教材外，还配备课件、视频、案例、习题等数字化教学资源；二是力争做到“基础课横向广覆盖，专业课纵向成系统”；三是力争把每种教材都打造成精品，让多数教材能成为省级精品课教材、部分教材成为国家级精品课教材。

为了编好本系列教材，我们在西南财经大学出版社的协调下，经过多次磋商和讨论，成立了首届编委会。首届编委会主任委员由西华大学管理学院院长章道云教授担任。2017年，由于相关学院院长职务变动，编委会的构成也做了相应调整。调整后的编委会由西南财经大学副校长张邦富教授任名誉主任，蒋远胜教授任主任，李成文教授、张华教授、周佩教授、赵鹏程教授、董洪清教授、傅江景教授任副主任，20余所院校经济管理及相关学院院长或教授任编委会委员。

在编委会的组织、协调下，该系列教材由各院校具有丰富教学经验并有教授或副教授职称的教师担任主编，由各书主编拟订大纲，经编委会审核后再编写。同时，每一种教材均吸收多所院校的教师参加编写，以集众家之长。自2008年启动以来，经过近十年的打造，该系列现已出版公共基础、工商管理、财务与会计、旅游管理、电子商务、国际商务、专业实训、金融经济、综合类九大系列近百种教材。该系列教材出版后，社会反响好，师生认可度高。截至2017年年底，已有30多种图书获评四川省“十二五”规划教材，多个品种成为省级精品课程教材，教材在西南地区甚至全国普通高校的影响力也在不断增强。

当前，中国特色社会主义进入了新时代，我们要建设教育强国，习近平总书记在党的十九大报告中对高等教育提出明确要求，加快一流大学和一流学科（简称“双一流”）建设，实现高等教育内涵式发展。“双一流”建设的核心是提升学校自身的办学水平，关键是提高人才培养质量和学科建设水平，同时办学声誉得到国际社会的认可。为此，高等学校要更新教育思想观念，遵循教育教学规律，坚持内涵式发展，进一步深化本科人才培养模式改革。而教材是体现高校教学内容和方法的知识载体，是高等院校教学中最基本的工具，也是高校人才培养的基础，因此，高校必须加强教材建设。

为适应“双一流”建设的需要，全面提升高校人才培养质量，构建学术型人才和应用型人才分类、通识教育和专业教育结合的培养制度，满足普通本科院校教师和学生需求，需要对已出版的教材进行升级换代。一是结合教学需要对现有教材进行精心打造。具体而言，贯穿厚基础、重双创的理念，突出创新性、应用性、操作性的特色，反映新知识、新技术和新成果的学科前沿；利用数字技术平台，加快数字化教材建设，打造立体化的优质教学资源库，嵌入可供学生自主学习和个性化学习的网络资源模块。二是根据学科发展的需要，不断补充新的教材，特别是规划旅游类、实训类、应用型教材。

我们希望，通过编委会、主编和编写人员及使用教材的师生的共同努力，将此系列教材打造成适应新时期普通本科院校需要的高质量教材。在此，我们对各经济管理学院领导的大力支持、各位作者的智力成果以及西南财经大学出版社员工的辛勤劳动表示衷心的感谢！

21 世纪普通高等院校系列教材编委会

2018 年 5 月

前言

社会保障是民生之安，是现代国家一项重要的社会制度。改革开放以来，我国对计划经济时期的社会保障制度进行了一系列改革，致力于探索建立国家、企业、个人共同负担的社会保障制度。在短短几十年的时间里，我国的社会保障制度展现了蓬勃发展的活力，社会保障体系建设取得了显著成就。覆盖城乡的社会保障体系框架初步形成，基本完成了向市场经济过渡的社会保障制度转型。社会保障的覆盖范围不断扩大，基本养老保险已经实现了制度全覆盖，社会保障的待遇水平也在逐年提高。如今，社会保障已进入统筹城乡发展和制度创新完善的新阶段。社会保障在人们生活中占有越来越重要的地位。

发展有中国特色的社会保障制度，离不开理论的支撑。我国自1998年开设劳动与社会保障专业以来，截至2019年年底，全国共179所高校设置劳动与社会保障本科专业，专业的发展为社会保障事业的进步提供了理论支持，也输送了大批专业人才。“社会保障概论”是全国大学本科劳动与社会保障专业的专业核心课程，同时也有很多大学在公共管理、人力资源管理、社会工作等专业广泛开设该课程，这既是各学科专业建设的需要，也是我国社会保障事业快速发展的体现。

本教材是西华师范大学规划教材建设项目的成果。其主要特点有：一是力求全面系统地梳理中外社会保障事业发展的历史脉络和社会保障学科的主要理论；二是反映中国社会保障事业的最新政策发展情况；三是突出社会保障的主要部分——社会保险的重要地位和操作实务，在兼顾社会保障庞杂的知识体系的基础上，能让学生有学习的重点。

本教材分为三个部分，共十章。第一个部分从第一章至第三章，主要包含社会保障制度和学科概述，以及社会保障基金管理等相关内容，由蒋莉莉负责编写；第二个部分从第四章至第七章，主要包括养老保险、医疗与生育保险、失业保险和工伤保险等相关内容，由王伟负责编写；第三个部分从第八章至第十章，主要包括社会福利、社会救助和慈善事业等相关内容，由曹婉莉负责编写。全书由曹婉莉负责统稿。在教材编写的过程中，但珊珊、冉东玉、何春囡、仲光金等研究生和本科生同学在收集资料和文字整理方面付出了辛勤的劳动，在此向他们表示感谢！

在本书编写期间，编写组参考了大量与社会保障、社会保险、社会福利与救助等内容相关的同类教材以及文献资料，限于篇幅，我们未能一一注明，在此，编写组向提供资料的作者们致以诚挚的谢意。

编写组虽是劳动与社会保障专业的任课教师，但也是初次编写此类教材，受知识水平和经验的局限，教材难免有诸多不完善之处，我们恳请和期待各位专家学者和广大读者给予批评指正或提出宝贵意见。

曹婉莉

2021 年 6 月 13 日

目录

第一章 社会保障概述

第一节 社会保障的概念及特征

一、社会保障的概念

社会保障制度最早产生于工业革命后的西欧，至今已有一百多年的历史。社会保障是工业革命和社会化大生产的产物，是社会发展和进步的产物，也是现代社会文明的标志，在过去的一个多世纪里，几乎所有的国家都建立了社会保障体系。

尽管国际组织和大多数国家都以“社会保障”作为以政府和社会为责任主体的福利保障制度的统称，但由于社会保障受到政治、经济、社会、文化、历史等诸多因素的影响，其具体实践受到各国或各地区具体情况的制约，因此，各国政府和理论界对社会保障概念的界定仍存在着较大的差异。

（一）国际组织对社会保障概念的界定

1942年国际劳工组织（International Labor Organization）将“社会保障”界定为：“社会通过它的一系列处置经济和社会风险的公共措施，为它的成员提供保护和提供医疗照顾、家庭津贴，否则这种风险将导致薪金的停止支付，或因疾病、生育、工伤、失业和死亡导致实际收入的减少。”

（二）发达国家的观点

1. 德国

德国学者的定义是：社会保障旨在使竞争中失败的人不致遭受灭顶之灾，并能获得重新参与竞争的机会，并为那些由于失去劳动能力或遭受意外困难而不能参加竞争的人提供生活保障。他们认为，自由放任的市场经济不能保证公正的收入分配，因此需要政府加以干预。社会市场经济应包括两个不可分割的领域：一是能带来经济效率的市场；二是能带来“公正”“安全”的社会保障制度。二战后德国在推行市场经济时，就是把社会保障理解成社会公正和社会安全，把社会保障制度理解成为在市场竞争中不幸失败者或失去竞争能力的人提供基本生活保障的、有互助性质的安全制度。在这里“公正”是指它可以缩小社会成员收入水平的差距；“安全”是指它可以为遭受不测的社会成员提供基本的生活保障。

2. 英国

英国是西方福利国家的代表，其社会保障实施的基础是1942年由贝弗里奇起草的《社会保险及相关服务》（又称《贝弗里奇报告》）。该报告将社会保障定义为一种公共福利计划，认为“社会保障是指在人们失业、疾病、伤害、老年以及死亡、薪金中断时，对其予以经济援助，并辅助其生育婚丧的意外费用的经济保障制度”。

英国《牛津法律大词典》中“社会保障”的定义是：社会保障是对一系列相互联系的保护个人免除因年老、疾病、残疾或失业而遭受损失的法律的总称。

3. 美国

美国《社会保障法》对社会保障的具体理解是：“根据社会保障法制定的劳动者在社会保障期间的医疗费用提供保障。老年、遗属、残疾和健康保险计划对受保险的退休者、残疾者和他们的家属以及受保险者的遗属，按月提供现金保险待遇。”美国在罗斯福新政时期通过的《社会保障法》是美国历史上第一个全国性的、由联邦政府承担义务的、主要用以解决失业和老年问题的社会保障立法，为二战后美国社会保障制度的发展奠定了基础，以此为依据也形成了美国人对社会保障制度的一般理解，即社会保障是一种“社会安全网”，是对国民可能遭遇的各种风险（如疾病、年老、失业等）加以防护的社会安全制度。

4. 日本

日本学术界对社会保障的概念界定有广义和狭义之分。广义的社会保障是对政府解决各种社会问题的政策的统称，而狭义的社会保障则被看成国民在生活上蒙受诸如失业、伤病、高龄及各种事故，而使其生活来源出现中断或减少，致使生活出现困难时，通过社会保障机制进行国民再分配，保障其最低限度的收入所得，由国家来救济国民生活的缺损的制度。在这里，社会保障包括社会保险、国家救助、社会福利、公共卫生等内容。

（三）我国对社会保障概念的认识

1986年，中华人民共和国国民经济和社会发展第七个五年计划提出：“‘七五’期间，要有步骤地建立起具有中国特色的社会主义的社会保障制度雏形。”从此，“社会保障”一词在中国广泛运用。

1993年《中共中央关于建立社会主义市场经济体制若干问题的决定》提出：“社会保障体系包括社会保险、社会救济、社会福利、优抚安置和社会互助、个人储蓄积累保障。”因此，社会保障在中国是一个最高层次的范畴，社会福利等其他概念包含于其中。

我们认为，社会保障是国家和社会通过立法实施的、以国民收入再分配为手段、对社会成员的基本生活权利提供安全保障的社会行为及其机制、制度和事业的总称。

这一定义包括以下几层含义：

第一，社会保障的首要责任主体是国家或政府。

国家是对社会进行管理的最高权力机关，政府是具体执行国家权力的行政机构，对社会成员的基本生活实施保障是国家和政府不可推卸的职责。只有国家才能通过国民收入再分配对全社会实行生活保障。同时，社会稳定与经济增长是社会的根本目标，政府有运用社会保障实现社会稳定和经济增长的内在动力。在现代社会，国家为公民提供社会保障是其义不容辞的责任，公民享受社会保障是法律赋予的权利。这里，没有施舍与怜悯，不需要感恩戴德。

第二，社会保障的对象是全体社会成员。

完善的社会保障制度应该把全体社会成员列为保障对象。社会保障应该使所有社会成员都有可能成为受益者。社会保障制度的出现和存在是以风险的存在为前提的，而风险是每个人都会遇到的。每个人和家庭，出于健康与幸福的需要，有权得到衣、食、住、医疗及其他必需的社会服务设施供给的保障。特别是由于失业、疾病、残疾、寡居、老年等情况以及因个人不可抵抗力遭遇生活危机、无法为生的时候，社会成员有权通过保障体系得到基本生活的保障。但是，在各国的社会保障制度中，部分国家尚未对全体社会成员实施全面的社会保障项目，只是对部分成员或部分项目实施了保障措施，这显然是由经济、政治、文化等多重因素造成的。

第三，社会保障的目标是满足公民的基本生活需要，从而实现社会稳定和社会公平。

现代社会保障基于生存权这一人的基本权利、对处于困境中的社会成员给予生活保障，并以保障其基本生活需求为目标，通过物质利益的调节来使各种社会关系处于一种稳定和谐的状态，避免因社会成员收入差距过大而引起社会动荡。所以，社会保障应能使社会的每个成员达到维持生存所需的生活标准。从这一点来看，社会保障是现代国家的一种安全制度。它在宏观上以政府干预来消除市场失灵所产生的社会不安定因素及其所产生的社会风险，保证社会经济的协调稳定运行和发展；在微观上为全体社会成员的基本生活权利提供安全保护，以保障社会成员基本生活需求为目标，确保社会成员不因遇到暂时或永久的困难而陷入孤立无援的境地。社会保障制度的这一目标基于生存权这一人的基本权利，遵循效率优先、兼顾公平的原则。

应该指出的是，“基本生活需求”是一个社会历史性概念，它所包含的内容以及水平在社会历史的不同阶段、不同经济发展水平、不同社会文化、不同民族习惯条件下是不同的。例如，在经济发展水平较低的阶段，基本生活需求一般仅指物质生活达到温饱水平，而在经济发展达到较高水平时，社会保障不仅要满足物质生活上较高的需求，而且会把精神文化生活等纳入社会保障体系中。

第四，社会保障的手段是对国民收入进行再分配，它是解决社会经济问题的杠杆之一。

市场分配是社会保障分配的前提。市场分配是以生产要素所有权的分配为前提，按照商品交易和市场价格的方式进行的。市场分配必然导致财富和收入在社会成员之间分配不公，造成两极分化，不仅危及社会稳定，还影响市场机制本身的健康有序运行和效率的提高，因而需要政府对市场分配的结果进行调节和修正。社会保障正是通过国民收入再分配的手段，从全社会筹集社会保障基金，对遭遇各种风险的社会成员提供基本生活保障，以缩小贫富差距，弥补市场分配的缺陷。市场的初次分配是为了实现效率，拉开收入差距。社会保障属于再分配，是为了缩小收入差距，实现公平。

建立健全社会保障制度关系到经济的可持续发展和社会的长治久安。

第五，社会保障的实施依据是国家立法。

由于社会保障是一种以稳定社会关系为目的的利益调节行为，它的资金提供者与直接受益者往往是分离的，其实施必须借助强制性的法律和行政手段，否则社会保障的运作就会失去其自身的保障。因此，国家立法和行政措施是社会保障得以实施的重要条件。现代社会是法治社会，市场经济是法治经济，现代社会保障以健全的法律体系为支撑，必须以法律形式规范国家在社会保障中的责任，国家、企业和个人在社会保障中的权利与义务，规范社会保障的行政管理、基金管理和对象管理，从而使社会保障运作制度化、规范化。

第六，社会保障既是一种社会行为、一种社会行政，也是一项社会事业，还是一种社会经济制度。在现代社会，社会保障同时还是政府调控社会经济运行的重要手段。

社会保障首先是一种社会行为或行为过程，是国家和社会通过立法实施的、以国民收入再分配为手段、对社会成员的基本生活权利提供安全保障的社会行为。社会保障制度应该是规范这种行为的法律法规、政策及其实施办法的总称。社会公共政策是由具有合法地位的政府，为了协调人们的行为，实现公众的利益，以一定的价值判断为基础，运用一定的资源对社会公私行为所做的强制性的规范与引导。作为社会政策组成部分的社会保障政策，除了具有引导、协调、控制和分配的一般政策功能外，其特征突出表现为公共性、整体性、超前性和合法性几个方面。人们提到的社会保障，更多的时候是指社会保障制度。

二、社会保障的特征

（一）权利性

社会保障作为一项公民所应当享有的权利已经得到了广泛的认可。社会保障权作为一项基本权利，被列入国际规范与国际文献。例如，《世界人权宣言》第 25 条规定："人人有权享受其本人及其家属康乐所需之生活程度，举凡衣、食、住、医药及必要之社会服务均包括在内；且于失业、患病、残废、寡居、衰老、或因不可抗力之事故导致丧失生活能力之情形时，有权享受保障。"《经济、社会、文化权利国际盟约》第 9 条规定："本盟约缔约国确认人人有权享受社会保障，包括社会保险。"

（二）公平性

享有社会保障既然已发展成一项社会成员所享有的基本权利，那么就当然具有公平性。社会公平是指社会应一视同仁地对待每位社会成员，具体体现为以下几个方面：第一，分配上的公平。实现公平分配是社会保障追求的主要目标。在市场经济条件下，收入不均、贫富分化不可避免，社会保障通过收入再分配的手段，即强制征收保障基金分配给贫困者，在一定程度上弥补社会成员之间收入分配的不平等，实现社会分配公平。第二，机会上的公平。社会保障的公平性不是指社会保障基金的平均分配，而是指享受社会保障的机会均等。社会保障的对象是全体社会成员，任何一位社会成员，当其基本生活出现危机时，都有均等地获得社会保障的机会和权利。第三，起点与过程公平。社会保障为社会成员提供基本生活保障，使其不至于因先天不足或遭遇社会风险而陷入困境，从而恢复社会成员的基本生存能力。

（三）社会性

社会保障作为强制实施的具有普遍性的社会安全网，突破了家庭保障、企业保障的界限，是社会化大生产的产物，是典型的社会行为。社会保障的社会性主要表现在以下几个方面：第一，实施范围的社会性。社会保障是国家在全社会范围内统一实施的社会经济制度，其保障对象是全体社会成员，是面向全社会符合保障条件的公民普遍实施的制度。第二，筹资的社会性。社会保障基金的主要部分由国家在全社会范围内统一筹集，其来源一般包括国家财政投入、企业或雇主缴费、个人缴费以及社会募捐等多个方面。第三，实施与管理的社会性。在政府主导的社会保障制度下，各项社会保障制度的实践通常需要依赖各类社会组织（比如银行、医院、社区等）才能实现，还有大量的社会福利与公益慈善机构直接承担着相应的社会保障事务。此外，工会组织、社会团体以及公众传媒等也会对社会保障制度的实践进行监督。第四，目标的社会性。国家代表社会的共同利益制定社会保障制度，其实施目标是通过社会保障来满足社会成员的基本生活需要，实现经济发展，促进社会的稳定与和谐。

（四）法制性

现代社会保障是政府通过国家立法，积极干预社会经济生活的产物。世界各国都用法律形式将社会保障的项目、体制、基金、标准、监管等固定下来，无论市场发生何种变化，政府、社会保障机构和企事业单位都必须向公民履行提供社会保障的法定责任，不得以任何形式限制和取消法律赋予公民的社会保障权利；每一位社会成员都应依法参加社会保障，依法履行义务，并依法享受权利；社会成员在参加保障项目、享受保障待遇方面没有自由选择权，社会保障机构也不能拒绝给予社会成员应该享受的权益，或随意改变保障项目和保障标准；社会保障基金依法强制筹集，任何单位和个人都应该依法按规定的时间和数额缴纳，否则将追究其法律责任；社会保障的权利方和义务方、社会保障机构和参加者如不遵守有关法律法规，可以诉诸法律求得解决。法制性是实施社会保障的制度保证。

（五）福利性

社会保障的目标和实际效果就是推动个人生活状况的不断改善。福利国家保证所有公民享有一定标准的收入、营养、健康、住房、教育和就业机会。国际劳工组织也明确指出，社会保障必须从实质上提高就业水平，必须获得更大强度的收入保障成就，必须改善和扩大教育、卫生、营养、住房和社会福利设施。另外，社会保障的福利性还在于，对于社会成员个人而言，其在社会保障方面的支出要小于在社会保障方面的收入，社会成员在社会保障方面的交易成本低于所获得的保障待遇，这是由于社会保障的筹资渠道包括政府、单位、个人等多个方面。因此，福利性也是社会保障的明显特征。

（六）全面性

社会保障向社会成员提供的支援是全面的，必须能够满足社会成员在陷入生活困境申请社会保障时的基本生活需要。在接受社会保障期间，社会成员可以仅仅依靠社会保障的支持而生存。社会保障的目的就是在社会成员的劳动能力减退、暂时地或永久性地失去劳动能力时，为其提供一种“完全的”保护，使他们能够安然渡过各种社会危机，并为此目的采取一定的预防措施。为此，社会保障的方式、手段也是多样的，社会保障不仅包括一定的金钱给付，还包括物质支援和社会服务。

（七）互助性

社会保障的互助性基于社会保障的收入再分配功能。在国家的干预下建立起来的强制性的社会保障制度，在全社会进行资金筹集，对整个社会范围内的生活困难者进行救济，意味着在全社会建成一个大的互助组，在整个社会范围内形成风险共担的局面。社会保障的资金由国家、社会、个人共筹，为全社会范围内的互助互济提供保障。社会保障资金的分配使用过程即是社会保障制度互助互济功能的实现过程。政府通过制定统一的社会保障政策，将社会保障资金在不同的保障项目间进行分配与调剂，向不同的需求者进行救助，向不同项目的社会保障对象提供及时的物资援助和社会服务。

（八）发展性

世界各国的社会保障发展史表明，现代社会保障制度具有发展性，并且这种发展性具有强烈的刚性，即社会保障水平往往只能升不能降，只能提高不能降低。社会保障的基线是随着社会的进步不断上升的，社会成员的基本生活需要的内容也是在不断丰富的，因此，社会保障不能简单地维持社会成员的生存，而是要维持一种“体面”的生活状态，使之不至于脱离整个社会生活水平。因此，社会保障的水平要不断提高，内容也要不断丰富和发展。

第二节　社会保障的体系

一个较为完善的社会保障制度，必然是由若干具有一定社会目标的不同部分构成的体系框架。国际劳工组织认为，社会保障制度包括社会向其成员提供的用以抵御疾病、生育、工伤、失业、伤残、年老和死亡而丧失收入或收入锐减引起的经济和社会灾难的一系列公共措施。不同国家或地区的社会保障制度包括的具体内容也不尽相同。

一、社会保障的制度安排

在社会保障体系中，比较正式和普遍的制度安排一般包括社会保险、社会救助、社会福利和社会优抚等几个基本的组成部分。

（一）社会保险

社会保险是由政府举办，强制将某一群体收入的一部分作为社会保险费（税），形成社会保险基金，在满足一定条件的情况下，被保险人可从基金获得固定的收入或损失补偿，从而为丧失劳动能力、暂时失去劳动岗位或因健康原因造成损失的人口提供收入或补偿的一种社会和经济制度。社会保险是一种再分配制度，它的目标是保证物质及劳动力的再生产和社会的稳定。

社会保险是社会保障制度的核心，它的保障对象是劳动者，即人口中最多、最重要的部分；它所承担的风险最多，包括劳动者在全部生命周期中发生可能导致生活困难的年老、疾病、伤残、失业、生育等所有风险；它所占的资金也是社会保障基金中最大的一部分。一般而言，社会保险包括以下项目：老年社会保险、医疗社会保险、失业社会保险、工伤社会保险、生育社会保险等。具体内容详见本书后面章节。

（二）社会救助

社会救助是国家和社会对依靠自身努力难以满足生存基本需求的公民给予的物质帮助和服务，也称为社会救济。国家通过国民收入的再分配，对因自然灾害或其他经济、社会原因而无法维持最低生活水平的社会成员给予救助，以保障其最低生活水平。

相对于消极性的“扶贫”“济贫”而言，社会救助更多地反映了一种积极的救困助贫的理念，即作为政府的责任而采取的长期性的救助。国家对于遭受灾害、失去劳动能力的公民以及低收入的公民给予物质、服务、权利等方面的帮助，以维持其最低生活水平。社会救助主要是对社会成员提供最低生活保障，其目标是扶危济贫，对象是社会的低收入人群和困难人群。社会救助体现了浓厚的人道主义思想，是社会保障的最后一道防护线和安全网，是社会保障的最低层面。

（三）社会福利

一般来说，社会福利可以从广义和狭义两个方面来理解。广义的社会福利是指国家为了改善和提高全体社会成员的物质生活和精神生活所提供的全面社会服务。发达国家的“大社会福利”概念，与我国的“大社会保障”概念其实是相通的。狭义的社会福利是指国家和社会提供的各种公共福利设施和社会服务，在使社会弱势群体得到照顾的同时，改善国民物质文化生活的一种社会制度。

社会福利的对象基本涵盖了全体社会成员，所包括的内容十分广泛，不仅包括生活、教育、医疗方面的福利待遇，而且包括交通、文娱、体育等方面的待遇。社会福利的津贴来源主要是国家财政，社会慈善捐赠也是其重要的来源渠道。社会福利除了津贴补助外，更多的是一种服务政策和服务措施。社会福利不像社会保险只能在职工失去工资时对其给予一定程度的补偿，也不像社会救助只能起到雪中送炭的救急作用，其目的在于提高广大社会成员的物质和精神生活水平，提高人民的生活质量。社会福利是更高层次的社会保障，属于社会保障的最高层面。

（四）社会优抚

社会优抚是国家和社会依照法律规定，对有特殊贡献者及其家属提供各种优待、抚恤、就业安置等待遇和服务的社会保障制度。保障优抚对象的生活是国家和社会的责任。社会优抚对象是指为维护国家和社会安全稳定而做出牺牲和贡献的特殊社会群体，由国家对他们的牺牲和贡献给予补偿和褒扬。社会优抚的目标是为优抚对象提供现金补贴和服务帮助，保障他们的基本生活，具有经济保障功能。社会优抚与社会保险、社会救助和社会福利不同，它是特别针对某一特殊身份的人所设立的，内容涉及社会保险、社会救助和社会福利等，包括抚恤、优待、养老、就业安置等多方面的内容，是一种综合性的项目。由于社会优抚具有独特的作用和相对独立的制度体系，因此在本书中暂不讨论。

以上几个基本保障内容是比较正式的制度安排，除此之外，还有一些非正式的制度安排。

（五）补充性的社会保障制度安排

补充保障，又称非正式制度安排，它强调的是政府之外的社会、市场及家庭的作用，包括企业年金、员工福利、慈善事业、互助保障、商业保险、个人储蓄和家庭保障等。非正式制度安排的社会保障作为基本社会保障制度的补充，与基本社会保障共同构筑了多层次的社会保障体系框架。

二、社会保障的功能

社会保障制度的功能是指社会保障，包括其各个子系统及其具体项目在实施过程中发挥的实际效能和作用。传统的社会保障理论一般只承认社会保障事后救助的单一功能，然而范围广泛、项目齐全、形式多样的现代社会保障体系早已非历史上单一的救灾济贫可以比拟。在社会发展进程中，社会保障通常发挥着稳定、调节、促进、互助等多重功能。这些功能并不因为某些人对社会保障制度安排的批评甚至完全否定而被抹杀，而是在实践中作为事实而客观存在的。当然，也应当承认，社会保障制度的功能是否得到了充分发挥或是否全部表现为正面效能，通常不是取决于社会保障制度本身而是取决于社会保障制度的设计者与执行者。

（一）稳定功能

1. 人民生活的安全网

社会保障的直接目的是保障国民的基本生活，使劳动者在年老、失业、患病、工伤、残疾、生育时，基本收入不受影响；使无收入、低收入以及遭受各种意外灾害的人们有生活来源，无后顾之忧，摆脱生存危机，从而为人们架起一道生活的安全网，一道维护社会安全的防线。

2. 社会矛盾的调节器

市场经济的自发作用必然使社会成员的经济收入产生差距，形成不同阶层从而产生社会矛盾。社会保障具有收入再分配的功能，能调节中高收入群体的部分收入，提高最低收入人群的保障标准，适当缩小不同社会成员之间的收入差别，起到化解社会矛盾、实现共享发展成果、促进社会关系和谐的作用。

3. 社会政治的稳定剂

社会保障通过各种措施，为社会成员提供经济保障，调节社会矛盾，避免人们由于生存危机、心理失衡产生社会冲突，造成社会震荡，具有社会减震器的功能，是预防政治动荡的稳定剂。此外，社会保障对社会的文化发展、精神文明建设具有推动作用。社会保障通过文化福利设施普及文化教育，特别是通过文化救助使那些低收入、无经济能力享受文化生活的社会成员得到一定程度的文化滋养。同时社会保障与生俱来的互助共济、分担风险的特征在其实践中必然鼓励和培养团结友爱精神，树立良好风尚，从而推动社会的文化发展和精神文明建设。

（二）调节功能

1. 政治调节功能

社会保障既是各种利益集团相互较量的结果，同时也是调整不同利益集团、群体或社会阶层利益的必要手段，并在不同的社会制度下表现出不同的政治功能。在社会主义制度下，社会保障除具有一般的政治调节功能外，还提高了社会成员在国家和社会生活中的主人翁地位；在资本主义制度下，社会保障亦强化了国民对现存制度的依赖意识，同时对调节不同社会阶层的政治冲突和促进政治秩序的长期稳定发挥着重要的政治作用。现代社会保障之所以在工业化国家中成为党派斗争和政党政治民主竞选中的重要议题，正是社会保障具有不容忽略的巨大政治功能的体现。

2. 经济调节功能

（1）调节投融资功能

社会保障的调节投融资功能，是指社会保障通过其基金运营调节社会资金余缺，以满足社会投资需求。规模较大的社会保障储备基金参与投融资，虽然是社会保障基金保值增值的措施，但客观上通过这种活动调节资金的余缺，可以促进国家的经济建设和民众的生活改善。

（2）平衡需求功能

社会保障的平衡需求功能，是指利用社会保障基金收支对社会总供求进行调节，使之趋向平衡。社会保障支出自动地随着国民经济运行变化情况呈反方向增减变动，这就是社会保障支出的“内在稳定器”功能。社会保障以支出为手段，调节社会总供求关系，自动地平抑经济过热或过冷的现象，维持社会安定，促进和保持国民经济良性循环。

（3）国民收入再分配功能

社会保障的国民收入再分配功能，是指通过社会保障制度安排实现国民收入在不同利益阶层之间的再分配。社会保障对低收入阶层生活所需的给付，或者在老年、失业、伤病、残疾等情况发生时，实施必要的收入给付，对市场经济活动所造成的收入分配不公平进行再分配，可以说这是社会保障最主要的功能。社会保障正是通过这种再分配手段实现对国民收入的调节，尽量缩小贫富差距，缓和社会矛盾。

（4）保护和配置劳动力功能

社会保障的保护和配置劳动力的功能，是指通过社会保障制度安排，保护劳动力再生产和促进劳动力合理流动及有效配置。社会保障通过提供各种帮助，使这部分社会成员维持基本生活需要，从而保护劳动力的生产和再生产，又通过建立全社会统一的社会保障网络，打破了靠血缘维持的家庭保障格局，超越了企业保障的局限，劳动者在变换工作和迁徙时无后顾之忧，从而促进了劳动力的合理流动，实现了劳动力要素的有效配置。

3. 社会发展调节功能

在社会发展领域，社会保障亦有效地调节着社会成员的协调发展。在社会保障制度健全的国家，社会保障构成了调节“社会成员中高收入阶层（富人）与低收入阶层（穷人）、劳动者与退休者、就业者与失业者、健康者与疾患者、幸运者与不幸者、有子女家庭与无家庭负担者之间利益关系的基本杠杆”。不同社会阶层之间的利益冲突因社会保障制度调节功能的发挥而得到了缓和，社会因收入分配差距等导致的非公正性、非公平性在一定的程度上得到了调节。

（三）促进发展功能

在经济领域，社会保障通过营造稳定的社会环境促进经济的发展，同时通过社会保障基金的运营直接促进某些产业的发展。此外，社会保障对劳动力再生产的保障与劳动力市场的维系，又促进了劳动力资源的高效配置和生产效率的提高。因此，社会保障对市场经济并非只有单纯的维系、润滑作用，而是有着促进作用。

（四）互助功能

社会保障资金来源于税收、缴费、财政拨款、捐献等多个渠道，又被支付给受保障者与有需要者，这种分配机制其实是一种风险分散或责任共担机制。风险分散与责任共担本身即是以互助为基石并在互助中使风险得到化解的。资金的互助、物的互助和劳务服务的互助，表明社会保障制度不仅是一种社会稳定机制，而且是一种社会互助机制。

（五）其他功能

社会保障事实上还有着诸如防控风险等其他功能。社会保障尤其是养老、失业、医疗、工伤等社会保险制度，通过事先筹集保障资金，用以防范劳动者可能发生的上述风险，从而具有预防风险的功能。救灾济贫措施多用来解决社会成员遇到的既存危机，从而具有及时控制风险的功能。

三、社会保障的研究方法

社会保障制度是一个复杂的体系，涉及与人们生活和发展相关的众多方面。因此，研究社会保障制度需要科学的研究方法，下面简要介绍社会保障的主要研究方法。

（一）科学抽象法

社会保障学研究采取的各种一般方法中，首推抽象法。所谓抽象法，就是人们运用思维的抽象力，抽去事物表面的、次要的、非本质的联系，找出内部的、必然的、本质的联系的方法。这就是说，社会保障学在研究各种分配关系及其规律过程中，要从实际出发，从实际存在的错综复杂的社会保障分配关系中，先把一些表面的、次要的、特殊的东西舍掉，抓住本质的、主要的、带有普遍性的东西，在纯粹的理论形态上进行理论分析，从个别到一般，从特殊的社会保障分配现象中概括出一般规律；再从抽象上升到具体，用一般规律和原理指导具体的社会保障问题的分析、解释、解决，使人们对社会保障关系发展的客观规律及其现象形态有一个清晰和全面的认识。

（二）试验与现代科技手段相结合的方法

社会保障理论和其他各学科理论一样，需要运用试验与现代科技手段相结合的方法。首先通过试验，检验理论是否正确。所谓试验，就是先在某些地区或单位有限的范围内，对所概括出的理论加以运用，进行试点实践，以修正、补充和完善社会保障理论。其次是随着现代科技手段的运用，人们已经把现代数学和计算机技术运用到经济改革中。因此，社会保障作为一门实证科学，采用数学模型和计算机模拟技术就显得格外重要。随着社会保障改革的不断深入，改革难度会越来越大。经济模型的定量分析恰恰为研究社会保障理论提供了更好的探索工具。

（三）经济学、社会学分析方法

社会保障作为国民收入再分配的一种特殊形式，它的产生和发展离不开经济基础，学科的研究离不开经济学分析方法。一方面，从某种意义上说，社会保障的发展史就是一部经济工业化的发展史，社会保障任何一个领域的产生和发展，都是经济工业化在社会生活中的具体反映，社会保障的覆盖率、保障支出占 GDP 的比重也都取决于一国的经济发展水平。因此，研究社会保障问题必须采取经济学分析方法。另一方面，社会保障研究具有社会学特征，其中的社会调查和保险精算等方法的建立和完善，为社会保障的全面发展提供了不可或缺的技术手段。因此，社会保障的发展同样离不开社会学理论和社会学方法。

（四）学习、比较和借鉴方法

回顾社会保障制度建立和发展的历程，我们可以清楚地看到，从早期工业化国家的《济贫法》开始，经过几百年的发展，社会保障已经形成了较完整的体系。由于它具有发展经济、稳定社会的重要作用，当今世界上所有现代化国家，都把实施和完善社会保障制度作为自己的一项基本国策。尤其是近半个世纪以来，国外在这个领域的研究已比较成熟，资料和成果也很丰富，名家、名著、流派层出不穷。与许多国家比较起来，我国理论界在社会保障方面的研究历史还不长，积累还不够。因此，有必要学习、比较和借鉴别国的经验教训，来构建更适合中国国情和具有中国社会主义国家特色的社会保障体系。总之，我们应该学会运用学习、比较和借鉴的方法来审视当前中外的社会保障问题，这样会使我们的思路更开阔，站得更高、看得更远。

第三节　社会保障的制度模式

一、社会保障制度模式的内涵

社会保障制度模式是指在不同的社会保障理念及不同国家的国情影响下，各国社会保障制度的内容、保障水平、运行机制具有的不同特点。由于社会保障理念受到各国经济、政治、社会、历史文化的影响，社会保障制度模式事实上是由以上综合因素决定的。一般意义上的社会保障制度模式，在关注各国社会保障制度国别特色的同时，强调不同类型国家社会保障制度内容、保障水平与运行机制方面的共同特征。

按照政府、企业和个人在社会保障制度中承担的不同责任，社会保障权利与义务的对等关系，社会保障给付水平的高低，社会保障财务制度的形式等标准，可以将世界上曾经产生过的社会保障制度划分为四类：社会保险型社会保障制度、福利国家型社会保障制度、强制储蓄型社会保障制度和国家保险型社会保障制度。这四类社会保障制度模式的内涵各不相同，其制度重点也各不相同：社会保险型模式强调保险的机制，福利国家型模式强调国家的义务，强制储蓄型模式强调个人的责任，国家保险型模式强调国家的责任。

二、社会保障制度模式的分类

（一）社会保险型模式

社会保险型模式也称俾斯麦型社会保障模式、“传统型”社会保障模式，是最早出现的社会保障模式。它起源于19世纪80年代的德国，后来被世界许多国家引进，包括欧洲大陆、美国、日本在内的许多发达资本主义国家和部分发展中国家采用这种模式。这种模式以社会保险为核心，社会保障费用由雇员、雇主和国家三方负担，以雇员和雇主承担为主，社会保障的给付与雇员的收入和社会保险缴费相联系。在这一模式中，企业、个人和政府都是责任主体，在不同的项目中各自扮演不同的角色。如社会保险的主要缴费（税）人为企业和个人，政府扮演责任人和监督者的角色。这一模式中普惠项目较少，许多项目具有“选择性”，即对那些低收入的人群提供保护。

社会保险型社会保障制度作为工业化的产物，是在工业化取得一定成就并有较雄厚的经济基础，以及单位和个人都具有一定经济承受能力的情况下实行的。它的目标是以劳动者为核心，通过提供一系列的基本生活保障，使社会成员在疾病、失业、年老、伤残以及由于婚姻、生育或死亡而需要特别援助的情况下得到经济补偿和保障。社会保险型模式的特点主要表现在以下几个方面：

1. 以劳动者为核心

社会保险型社会保障制度面向劳动者，且主要是工薪劳动者，围绕劳动者在年老、疾病、工伤、失业等方面的风险设置保险项目，用以保障劳动者在遭遇这些事件时的基本生活。在某些情形下，劳动保险制度还通过劳动者惠及其家庭成员。

2. 责任分担

社会保险型社会保障制度强调雇主与劳动者个人分担劳动保险缴费责任，国家财政给予适当支持，从而是一种风险共担和责任分担的社会保障机制。

3. 权利与义务有机结合

社会保险型社会保障制度强调劳动者享受劳动保险的权利与缴纳劳动保险费的义务相联系。劳动者享有的社会保障待遇水平常常与缴纳劳动保险费的多少和个人收入情况相联系，不参加社会保障或者未缴纳社会保障费是不能享受社会保障待遇的。

4. 互助共济

雇主与劳动者个人缴纳的社会保障费形成养老、医疗、失业、工伤、生育等社会保障基金，当劳动者遭遇保险事件时，享受相应的社会保障待遇，社会保障基金在受保成员之间调剂使用，充分体现互助互济、共担风险的原则。

5. 现收现付

社会保障基金的筹集以现收现付方式为主。社会保险型模式非常重视权利与义务的对等关系，强化责任分担意识，在追求公平的同时亦体现了效率原则。不仅如此，社会保障基金在社会成员之间统筹使用符合风险管理中的大数法则，体现了社会保障的互助互济宗旨。不过，采取现收现付方式筹集社会保障基金时，保险费率受人口年龄结构与人口就业比例的影响较大，难以应对人口老龄化导致的养老金支付高峰，进而可能因基金积累不足而造成财务危机，有必要对此保持警惕。

（二）福利国家型模式

福利国家型模式是政府为居民提供“从摇篮到坟墓”的高水平保护的社会保障体系，也称为福利型社会保障模式。它源于英国，始于贝弗里奇计划，其理论基础是庇古的福利经济学。1920 年，英国剑桥学派主要代表人之一的庇古出版了《福利经济学》，为确立福利国家奠定了相应的理论基础。1942 年英国著名经济学家贝弗里奇完成了社会保障改革的研究报告《社会保险及相关服务》。1948 年，英国基于该报告的指导原则重新设计了社会保险制度，在通过一系列的有关劳动保险的法律并加以实施后，正式宣布建成福利国家。贝弗里奇也被称为“福利国家之父”。在英国之后，西欧、北欧等地的一些国家也纷纷宣布建立福利国家，加拿大、澳大利亚等国家也跻身福利国家之列。福利国家作为经济社会发展水平达到高层次和社会文明进步的象征，在世界上风靡一时，在 20 世纪 60 年代达到鼎盛时期。

具体而言，福利国家模式及其所推行政策的主要特征如下：

1. 累进税制与高税收

国家通过确立累进税制对国民收入所得进行再分配，使社会财富不再集中于少数人手里。同时，为维持福利国家高水平的福利支出，也需要高税收来支撑。因此高税收不仅充当着福利国家的财政基础，而且构成了福利国家的重要特征。

2. 普遍覆盖与全民共享

“普遍性”和“全民性”构成福利国家型社会保障制度的基本原则，其目标不仅是使公民免遭贫困、疾病和失业之苦，而且在于维持社会成员一定标准的生活水平，加强个人安全感。各种保障制度，不限于被保险人一人，而是推及其家属；不是限定于某一保险项目，而是推及凡维持合理生活水平有困难和经济不稳定的所有事件，以最适当的方法给予保障。

3. 政府负责与全面保障

在福利国家，政府是社会保障的当然责任主体，不仅承担着直接的财政责任，而且承担着实施、管理与监督社会保障的责任。同时，福利国家的社会保障项目众多，待遇标准也较高，保障项目设置涵盖了每个社会成员“从摇篮到坟墓”的一切福利保障需求，而个人通常不需缴纳或只需低标准缴纳社会保障费用，福利开支主要由政府和企业负担。

4. 法制健全

各种社会保障制度均依法实行，并设有多层次的社会保障法律监督体系。例如，英国在《贝弗里奇报告》的基础上，先后制定了《国民保险法》《社会保险法》《国民健康服务法》《家庭补助法》《国民保险法（工业受伤）》《国民救济法》，这些法律的颁布为英国成为第一个福利国家奠定了法律基础。

5. 充分就业

国家采取各种措施促使人人都能有就业机会，通过国家政权的力量，强制性消灭各种导致失业的因素，实现充分就业的目标。

（三）强制储蓄型模式

强制储蓄型模式是指主要依靠雇主和雇员，或雇员个人对雇员的风险负责，最后的责任人才是政府的社会保障制度。这一模式以新加坡和智利为代表。新加坡的中央公积金制度强制雇主和雇员共同供款，并以职工个人名义存入公积金，由中央公积金局集中管理和经营，职工在符合某些条件的情况下可以动用个人账户的基金用于特定的用途。制度设计之初只为养老的目的，随着制度的发展，又增加了医疗保险、子女教育、住房公积金等内容，当个人账户积累到一定数量时，雇员还可动用一定数量的基金对政府指定的工具和对象进行投资。

智利模式与新加坡模式不同，它强制雇员个人将工资的10%积累于养老账户，并由个人任意选择基金管理人进行投资，达到退休年龄后可以连本带利取回，或继续留在某个基金管理公司，也可以选择从商业保险公司购买年金。当个人账户积累不足以保障退休后最低生活水平时，政府将对此负责。可见：第一，智利模式只是养老保险模式；第二，智利模式不要求企业供款；第三，在管理上智利是分散管理；第四，政府在养老保险方面仍然扮演着最后责任人的角色。

强制储蓄型模式的社会保障制度曾长期不被国际社会保障界认可，因为它缺乏传统社会保障制度的互济功能。不过，自新加坡建立公积金制度以来，随着人口老龄化加剧，在其他的社会保障模式未能很好地解决养老问题时，强制储蓄型模式从效果上看却发挥了分散风险的作用。因此，该模式也逐渐得到了国际社会的重视，一些国家在改革或建立自己的社会保障制度时亦考虑借鉴和吸收强制储蓄型模式的优点。

强制储蓄型模式除具备国家立法规范、政府严格监督的特点外，还具有如下鲜明的特点：

1. 强调自我责任，缺乏互济性

强制储蓄型模式是在国家立法的规范内，采取强制手段扣除劳动者的一部分工资储存起来，完全用于劳动者自己养老。它不存在劳动者之间的互助互济功能，从而也无法让风险在群体中分散。可见，这种制度强调的是自我负责而不是追求互助共济，这一点与其他社会保障模式所追求的目标是相悖的。

2. 建立个人账户，实行完全积累

在强制储蓄型模式下，每个参与其中的劳动者均拥有一个账户，雇主与劳动者自己缴纳的费用均直接计入该账户，并逐年累积，直到劳动者年老退休时才领取。因此，这种模式实现的其实是劳动者自己一生中的收入与负担的纵向平衡。

3. 与资本市场相结合

由于强制储蓄型模式是完全积累的财务机制，每个劳动者在劳动期间积累在个人账户上的资金是不断增长的，从参加强制储蓄到领取相应待遇，往往间隔数十年，其间必然存在通货膨胀导致基金贬值的风险。因此，强制储蓄型模式的最大压力在于如何使个人账户积累的基金实现保值增值，这就必然要求积累基金与资本市场相结合，才可以在参与社会财富创造的过程中避免贬值的风险。

4. 保障内容主要是养老保险

从当前采取强制型模式的国家来看，这一模式主要适用于具有长期积累性的养老保险。因此，强制储蓄型模式并不代表这个国家的整体社会保障制度，而只是整个社会保障制度中的一部分。

5. 政府承担责任的方式特殊

在强制储蓄型模式下，政府通常并非直接分担缴费责任，而是扮演监督者的角色，对个人账户上积累基金的投资运营的监督是重点。同时，不同国家政府承担的责任亦是有区别的，如新加坡是设立中央公积金局来集中运营公积金，并由政府确保相应的收益率；智利则采取私营化办法，政府仅仅承担监管责任。

（四）国家保险型模式

国家保险型模式是以公有制为基础，与高度集中的计划经济体制相适应，由政府包揽向国民提供的全部保障，又叫作政府统包型社会保障模式。以苏联、东欧和改革前的中国等社会主义国家为代表，强调的是国家责任。它的社会保险对象是公有经济部门的雇员，保险费由单位负担，各种社会保险项目由统一的组织机构——工会经办并和工人共同管理。中华人民共和国成立后的初期就是按这一模式建立社会保险制度的。虽然缴费的是企业（或单位），但最终的所有权人是国家，最终的责任人仍然是国家，保障的对象也是公有部门的人员，所以我们称之为国家型社会保障制度。

国家保险型模式主要有以下特征：

1. 宪法保证

国家通过宪法将社会保障确定为国家制度，公民所有的社会保障权利由生产资料公有制保证，并通过相应的社会经济政策的实施取得。

2. 政府与企业承担责任

社会保障支出由政府和企业承担，其资金由社会公共资金无偿提供。由于国家已事先做了社会保障费的预留与扣除，个人不需要缴纳社会保障费。

3. 保障对象是全体公民

每一个有劳动能力的人都必须积极参加社会劳动，并在劳动中获得相应的社会保障。国家对无劳动能力的社会成员也提供物质保障。

4. 工会参与社会保障事业的决策与管理

国家保险制度作为社会主义国家普遍采用过的社会保障模式，曾经造福亿万人民，但因这种保险超越了现阶段的承受能力，经过半个多世纪的实践，逐渐随着苏联的解体与东欧国家的剧变而被摒弃。即使是仍然坚持社会主义的中国，也从20世纪80年代开始改革这套制度，并代之以能够适应市场经济体制的社会化社会保障制度。

思考题：

1. 社会保障的概念、特征和功能分别是什么？
2. 社会保障制度的发展模式有哪些？
3. 我国社会保障与西方社会保障有哪些不同？
4. 简述社会保障制度的体系框架。
5. 福利国家推行的社会保障政策有哪些特征？

第二章 社会保障制度的发展历程

社会保障是伴随着生产社会化和市场经济的形成建立起来的，同时也有其存在和发展的理论基础。在社会保障制度的建立和发展过程中，社会保障理论也在不断拓展和系统化。社会保障理论的发展经历了三个时期：一是早期的社会保障思想，即社会保障理论的初创阶段，其代表理论包括德国历史学派和旧福利经济学理论；二是发展时期的社会保障理论，以凯恩斯的国家干预理论和福利国家论等为代表；三是改革时期的社会保障理论，主要以新自由主义经济学理论和第三条道路为代表。由于各国具体国情不同，社会经济发展水平参差不齐，社会保障制度的结构及其形式也存在较大区别。

第一节 社会保障制度的萌芽

一、社会保障制度产生的源头

16 世纪初，英国农村实施的“圈地运动”使大批农民失去了赖以生存的土地，许多人被迫流入城镇，沦为贫民、乞丐和流浪者。同时，城镇进行的产业革命使大机器生产代替了手工业生产，大量手工业者失去工作，丧失生活来源。这些城镇失业者与沦为贫困者的农民造成了抢劫、偷盗、乞讨等一系列治安问题，对政府的统治构成威胁。

英国在 1601 年为了缓和社会矛盾，维护政局稳定，颁布了《济贫法》（又称旧《济贫法》）。1834 年英国又颁布了《〈济贫法〉修正案》（又称新《济贫法》）。新《济贫法》加强了政府在社会救济中的作用，从这个意义上说，新《济贫法》的颁布标志着英国社会救济的性质发生了质的变化。新《济贫法》作为国家在全国范围内实行的普遍济贫措施，促进了社会的稳定，为英国资本主义经济的发展做出了重要贡献，同时也是政府对全体公民承担保障责任的开始，为现代社会保障制度的诞生奠定了基础。由于新旧《济贫法》具有制度上的连贯性，因此学界普遍认同现代社会保障制度的源头可以追溯到1601年的《济贫法》。

二、社会保障制度产生的条件

社会保障是进行社会化大生产、保障社会安定的客观要求，同时也是社会经济发展的必然结果。社会保障制度的产生基于两个前提：一是社会保障制度产生的经济条件；二是社会保障制度产生的社会条件。

（一）社会保障制度产生的经济条件

1. 工业化的产生和发展

现代社会保障制度是工业化发展的必然产物。18世纪的欧洲工业革命敲开了人类社会由农业社会进入工业社会的大门。工业革命使社会生产形式发生了巨大变化——实现了生产的社会化。工业革命不仅带来了技术上的飞跃，而且将市场经济体制引入了人类社会，它在为人们带来无限机遇的同时，也带来了更多的风险，新的社会风险对工业劳动者造成极大的威胁，处理不好就会导致严重的社会动荡，而这些风险仅靠工人个人的力量是无法抵御的，因此，对社会性保障制度的建立提出了迫切的要求。

2. 家庭结构的变化

社会化大生产逐步打破了农业社会人身依附的主从关系，家庭的生产职能和保障职能开始退化，并使家庭规模变小，核心家庭越来越多，这些都使传统的家庭亲属保障在不同程度上失去了存在的基础。工业社会中的家庭主要靠工资收入为生，一旦由于各种原因减少甚至中断工资收入，家庭便无保障可言，将会面临极大的生存风险。

3. 社会化生产的发展

社会化生产的发展意味着劳动力的再生产必须社会化，生活社会化的程度也在逐步提高。教育、卫生、城乡生活服务等都成为社会的公共事业，进入了社会化发展的进程，社会成员的个人需求往往成为一种社会需求，传统的主从保障和家庭保障的形式越来越不适应生产、生活社会化发展的需要，于是便产生了保障社会化的要求。

4. 市场经济发展的周期性

工业现代化的进程伴随着市场经济的发展。市场经济是按照价值规律运行的，价值规律一方面促进了经济的发展，使社会生产力水平大大提高；另一方面又必然扩大分配上的差距，造成两极分化。同时，由于市场机制和竞争规律的作用，部分企业破产，工人失业。因此，价值规律的要求、效率目标与社会保护公共利益的公平原则相矛盾。为了缓和矛盾，缓解市场经济所产生的不利影响，采取社会保障这种补充性分配机制具有必要性。

5. 人们对提高生活水平的追求

随着生产力水平的提高，人们对生活水平和生活质量也越来越重视，对健康和环境的要求越来越高，对提高生活质量的需求不断上升。

6. 社会保障的实施已具有物质基础

生产社会化和市场经济的发展有力地促进了社会生产力的发展，使社会财富大量增加，这就为社会保障提供了物质基础，使国家实施社会保障成为可能。

（二）社会保障制度产生的社会条件

社会保障制度的产生，从社会因素来分析，是无产阶级长期斗争的结果。社会生产力的发展和生产社会化程度的提高，只是产生社会保障制度的经济条件。有了这些条件，社会保障制度并不会自发产生。经济利益的分配和社会权利的分配，取决于社会各阶级、各集团的力量对比。历史经验证明，工人阶级的觉醒及工人阶级的坚决斗争、社会主义运动的兴起以及马克思主义思想的影响等多种因素，是把社会保障制度产生的可能性变为现实性的决定性因素。

因此，社会保障制度的产生是经济条件和社会条件综合作用的结果。

第二节　社会保障制度的发展变迁

一、社会保障制度的确立——德国的《疾病社会保险法》

按一些标志性事件将世界社会保障制度的历史进行划分，能够让我们掌握社会保障制度在世界范围内发展的基本线索。以 1883 年德国的疾病社会保险产生为标志，社会保障制度作为一种正式的社会和经济制度，已经有近 140 年的发展历史。同时它仍在不断发展、改革和完善，因而它的内涵和外延一直在不断变化，了解社会保障制度的产生和发展对我们了解社会保障制度的内涵和外延，以及把握社会保障发展的一般规律是有帮助的。

（一）德国的《疾病社会保险法》

德国于 1883 年颁布了世界上第一部《疾病社会保险法》，这是社会保障制度建立的第一个标志性事件，因此在世界范围内的大多数国家，都把 1883 年作为现代社会保障制度的起点。接着，德国又在 1884 年颁布了《工伤事故保险法》，在 1889 年颁布了《老年与残疾保险法》。

虽然这三个法律的适用范围仅涉及当时德国就业人口的 1/5 或总人口的 1/10，但它却确立了社会保险法的基本思想和原则：第一，凡在法律规定范围内应投保的人，一律必须参加；第二，保险费由被保险人、企事业主和政府三方负担；第三，保险费率由政府主管部门或有关方面协商制定，保险人无权更改保险费率。

此后，德国不断通过立法扩大社会保险的适用范围，如 1911 年颁布《孤儿寡妇保险法》，并将疾病保险、工伤保险和养老保险合并为单一的社会保险，1923 年颁布《矿工保险法》、1927 年颁布《职业介绍和失业保险法》，至此基本建成了较为完整的社会保险制度。

德国社会保障制度的建立，是德国历史学派主张国家干预社会经济生活、调和劳资矛盾的政策产物。人们一般认为，现代社会保障制度是工业化的产物，就此推导，社会保障制度应该首先产生于英国，但事实并非如此。19 世纪的德国无论是在工业化的规模还是在社会对于现代化保障的需求方面都不能和英国相比拟，但是就德国当时的社会政治结构来看，德国具备率先实行国家社会保障的社会政治条件。19 世纪下半叶，德国无产阶级力量相当强大，工人运动不断，而新兴资产阶级则相对软弱无力，在这种历史条件下出现并流行于德国的新历史学派既反对亚当 · 斯密的自由放任主义，也反对马克思主义的革命理论，主张国家积极干预经济和社会生活；主张法律至高无上；主张实施工厂法等社会立法和政策；主张走调和劳资关系的道路以消除德国面临的最大的社会问题。这些理论影响了德国政府的社会政策，德国的各项社会保险只是政府管理社会的工具。

从德国社会保障产生的简要历史中，我们可以看到：从工人阶级的立场看，社会保障是工人阶级争取自己权利的结果；从政府的角度看，社会保障是政府管理社会的政治工具；从结果看，在现代化过程中，个人的风险可以通过社会保险制度予以分散。因此德国社会保障制度一建成，就缓解了当时紧张的社会矛盾，对统治阶级治理国家起到了很好的辅助作用，示范效应相当显著。

（二）其他国家社会保障制度的产生

奥地利 1887 年建立工伤保险，1888 年建立疾病保险，1906 年建立养老保险，1920 年建立失业保险；丹麦 1891 年建立养老保险，1916 年建立工伤保险；挪威 1894 年建立工伤保险；意大利 1898 年建立工伤保险，1919 年建立养老和失业保险；英国 1908 年建立养老保险，1911 年建立疾病保险；法国 1910 年建立养老保险；瑞典 1913 年建立养老保险，1916 年建立工伤保险；加拿大 1908 年建立工伤保险，1927 年建立养老保险。总体来看，这一时期各国的社会保险制度都是单项法律，尚未形成完整的社会保障体系。

（三）社会保险制度产生的意义

社会保险制度适应了工业化社会的需要，对工业社会劳动者可能遭遇的种种社会风险用制度化的手段加以化解，对于解除劳动者的后顾之忧和促进社会发展发挥了很好的作用。

学界普遍认同以社会保险制度的出现作为现代社会保障制度产生的标志，其理由主要在于：第一，社会保险属于制度化的社会保障机制，从而完成了由济贫时代的不确定性、临时性到稳定性、经常性的转变；第二，由雇员、雇主共同供款和国家资助建立起来的社会保险制度，真正确立了社会责任与风险的共同分担机制；第三，受保障者无须以牺牲人格尊严和接受惩戒为受益条件，免去了济贫制度下的经济状况调查和济贫院的奚落。以社会保险制度的产生为起点，现代社会保障制度从此诞生了。

社会保险制度强调权利与义务的结合，其目的是解除社会成员的后顾之忧，保障水平是基本保障型，保障过程具有规范化、强制性等显著特征。

二、社会保障制度的发展——美国的《社会保障法》

（一）美国的《社会保障法》

1935 年美国通过《社会保障法》，标志着社会保障制度由社会保险制度向综合性社会保障制度发展跨了一大步。这个法案中第一次出现“社会保障”一词，美国创造的社会保障这个词以全民化和统一管理为特点，从而区别于德国以与职业相关的分散管理为特点的社会保险制度。

20 世纪 30 年代，资本主义国家爆发了严重的经济危机，由此造成的剧烈社会动荡对社会保障制度的发展起到了促进作用，此时的美国正处于市场有效论而政府无效论理论的统治下，坚信政府无须对市场做出任何干预。1929 年，源于美国的经济大危机很快波及世界，形成了第一次世界经济大危机。危机不仅给美国经济造成了严重的创伤，也动摇了美国人对市场的信仰。在美国，大量企业破产，大批工人失业，工人运动频频发生，劳资矛盾非常尖锐。到1933年美国失业工人达1500万，占全国工人总数的1/3；1/6的家庭靠救济金度日，美国的经济和社会在大萧条中经受着巨大的痛苦。第一次经济大危机的原因，用马克思主义的理论解释就是生产相对过剩；用西方经济学的观点解释就是有效需求不足。因为商品过剩，所以工厂倒闭、失业增加、收入减少、需求进一步下降，危机加深，经济陷入难以自拔的恶性循环。当时在学术界，主流的凯恩斯主义学派主张国家实行赤字财政政策，增加社会福利开支，举办公共事业等，扩大社会支出，从而提高社会有效需求。

1933年罗斯福出任总统后，为了摆脱经济萧条，缓和劳资矛盾，重振美国经济，采纳了凯恩斯主义的政策主张，实施了著名的“罗斯福新政”。新政的一项主要措施就是建立统一的社会保障制度。罗斯福新政强调国家干预经济生活，其主要手段就是刺激总需求。建立社会保障制度，为退休人口和贫困人口提供收入是增加需求的重要方法，因而社会保障制度成为新政的一个重要组成部分，并用法律形式固定下来。1935年，美国通过《社会保障法》，标志着美国现代社会保障制度的诞生。美国最初的社会保障项目有五个，有两个保险项目和三个救助项目：老年社会保险、失业保险、盲人救济金、老年人救济金、未成年人救济金。根据这一法律，美国联邦政府设立了社会保障署，主管社会保障事务。此后，美国的社会保障法经过无数次的修改，不断增加社会保障项目、扩大保障的覆盖面、提高保障水平。

（二）美国的《社会保障法》和德国的《疾病社会保险法》的对比

如果说德国是一项一项地建立社会保险制度的话，而美国则是整体建成了包括社会保险和社会救助的“一揽子”社会保障制度。德国的社会保险主要是作为政治管理的工具来利用的，而美国的社会保障制度则主要是作为经济管理的工具来利用的，罗斯福充分考虑了被保护人的利益。在养老保险领域，美国建立的是全国统一的养老保险制度，而德国建立的则是以地区或者行业为单位的纵横交错的养老保险制度，其他制度也是如此。美国当时建立的失业保险是以州为单位进行管理的。

1929年的经济危机是世界性的，主要工业国面临的是相同的问题，即有效需求不足的问题，所以各国也像美国一样，纷纷采用凯恩斯主义的主张，扩张财政支出，增加社会保障支出，增加社会保障项目，提高社会保障水平和扩大社会保障覆盖面。这一时期，社会保障制度在全球范围内得到较大的发展。

三、社会保障制度的繁荣——英国宣布建成福利国家

（一）福利国家产生的背景

二战后资本主义各国的经济发展进入了一个“黄金时期”。在这一阶段，资本主义各国政府把政策的重点由原来的“一切为了战争”转向恢复本国经济、治愈战争创伤。战后的和平也为各国大力发展国民经济创造了良好的外部环境。发达国家迅速发展起来的经济和以前所未有的速度积累起来的社会财富，为战后福利国家的构建奠定了雄厚的物质基础。

（二）《贝弗里奇报告》的提出

在英国，被称为“福利国家之父”的威廉·亨利·贝弗里奇在二战期间就着手勾

画战后英国社会保障的蓝图，并于1942年11月提出《社会保险及相关服务》的研究报告。报告继承了新历史学派理论有关福利国家的思想，指出贫困、疾病、愚昧、肮脏和懒惰是影响英国社会进步、经济发展和国民生活的五大障碍，并提出政府要统管社会保障工作、通过社会保障实现国民收入再分配的建议。

《贝弗里奇报告》设计了一整套“从摇篮到坟墓”的社会福利制度，提出国家为每个公民提供九种社会保险待遇，提供全方位的医疗和康复服务，并根据个人经济状况提供国民救助。报告提出应在以下四个基本原则基础上建立“从摇篮到坟墓”的社会福利制度：一是普遍性原则，即社会保障应满足全体居民不同的社会保障需求；二是保障基本生活原则，即社会保障只能确保每一个公民最基本的生活需求；三是统一原则，即社会保障的缴费标准、待遇支付和行政管理必须统一；四是权利与义务对等原则，即享受社会保障必须以劳动和缴纳社会保险费为条件。

这一报告成为战后英国工党政府社会立法的白皮书，对英国、西方乃至世界的社会保障产生了深远影响。

（三）福利国家的建成

1948年，英国在《贝弗里奇报告》的基础上，重新设计其社会保险制度。英国政府以实现充分就业和社会福利为纲领，先后通过了一系列重要立法，其中主要有英国工党的民主社会主义五项原则：政治自由、混合经济、福利国家、凯恩斯主义和平等信念。所谓福利国家，按英国工党在1945年竞选宣言中所表述的就是：使公民普遍地享受福利，使国家负担起保障公民福利的责任。

在英国之后，其他一些发达国家也先后宣布实施“普遍福利政策”，并宣布建成福利国家。尤其是20世纪五六十年代，世界范围内的经济持续繁荣，使得社会保障制度得到了扩张，多数高收入国家向它的劳动者保证提供只有在经济形势很好的时候才有能力提供的生活水平。一些工业国，1960—1975年，福利费用几乎增加了10倍。西欧、北欧、北美洲和大洋洲的发达国家和地区先后宣布实施“普遍福利政策”，并宣布建成了福利国家。社会保障进入了完善阶段。

1952年，国际劳工组织制定并通过了《社会保障（最低标准）公约》，对劳工的医疗服务、收入扶持、伤残保护、老年保护、遗属收入扶持、生育保护、儿童抚养责任保护、失业保护、工伤保护九个方面的最低保障标准做了规定。虽然公约对任何国家都不具有实质的约束力，但它表明社会保障制度已经是一个全球化的事业。不但是发达国家，发展中国家也纷纷建立自己的社会保障体系。在国际劳工组织的政策指导下，目前世界上所有的国家都部分或全面建立了综合性社会保障制度。

这一段社会保障历史留给我们的启示是：经济的发展和社会保障制度是可以良性互动的。经济的高速增长可以负担起较高水平的社会保障和福利，反过来社会保障和福利的发展对提高居民的生活质量、提高国民的素质、维护社会的稳定和经济的繁荣也是有帮助的。

（四）社会保障制度繁荣阶段的主要特征

这一时期，随着发达国家生产的全面社会化，社会生产力得到了极大提高，国家对经济和社会生活的干预日益强化，社会保障成为国家和政府的重要职能，同时也成为资本主义政治和经济生活的“稳定器”。这一时期社会保障制度得到了充分的发展，不断繁荣并走向成熟和完善。其特点主要有以下几个：

一是国家主管的社会保障项目得到了长足的发展。国家政权在社会经济生活中占据决定性的地位。例如，《贝弗里奇报告》强调了政府统一管理保障项目的原则，并建议政府通过国民收入再分配来实施社会保障措施。政府的社会保障支出大幅度增长。

二是社会保障计划不同程度地向全民化、普及化方向发展。二战后各主要工业国的生产力水平迅速提高，社会保障由为少数确实贫困的人提供急需的援助，变为向社会每个成员提供预防意外损失的手段，公民生活质量向更高的层次发展，除了保证每个人在任何情况下都能体面地生活外，还包括教育、健康、居民住宅和城市环境等诸多方面的内容。例如 1946 年英国的《国民保险法》包括失业、疾病、生育、死亡、孤寡、退休等方面的保障，几乎每个公民都可享受保障。

三是社会保障的项目逐渐增多，保障范围不断拓宽，保障水平不断提高。1940 年，世界上已有 135 种保障项目，到 1979 年增加到 494 项。从保障的层次上看，也逐渐从救济型、保险型向福利型转化。特别是在社会保障历史悠久的欧洲国家，更是推行“普遍福利政策”，形成了福利国家，社会保障达到了很高的水平，极大地提高了社会成员的生活质量。

四是社会保障的管理更趋于法治化和规范化。这一时期，社会保障经历了从项目管理到集中管理的过程。社会保障的对象、标准、项目、形式等都以法律和制度的形式加以规定，并由政府有关机关统一执行，社会保障基金也纳入政府预算，甚至形成单独的政府预算科目，这些都标志着社会保障管理制度趋于成熟。

五是实行社会保障制度的区域不断扩大。从欧洲扩大到美洲，再到亚洲，乃至全世界，社会保障成为世界范围内普遍实行的社会经济制度和社会政策。

四、席卷全球的社会保障制度改革

（一）改革的背景

1. 经济增长速度下降

进入 20 世纪 70 年代中期以后，两次石油危机引发的经济危机、经济萧条给整个资本主义世界在经济、社会以及政治方面带来了极大的冲击。

失业率和财政赤字大幅上升，社会保障制度也陷入了困境。主要资本主义国家的经济危机是社会保障财务收入减少的直接原因。经济的下滑直接导致财政收入减少，不管是征收社会保障税还是社会保障费的国家都面临社会保障收入下降的境遇。原本制度设计的社会保障财务平衡机制被打破，长期入不敷出，人们不得不寻求新的平衡财务的办法。

2. 人口老龄化

人口老龄化是社会保障财务支出增加的直接原因。随着经济社会的发展、医疗技术水平的提高，全球人均寿命不断提高。特别是发达国家居民的平均寿命大幅增加，使人口年龄结构发生了重大变化。从人类发展规律来看，人口一般由高出生率、高死亡率、经济低增长率，经过高出生率、低死亡率、经济高增长率，向低出生率、低死亡率、经济低增长率转变。人口老龄化成为当代世界人口转变的重要特征。人口结构对社会保障制度具有重要影响。与此同时，发展中国家却处在高出生率、低死亡率、经济高增长率的人口快速增长时期。从整个世界人口发展趋势来看，随着生育率的下降，未来人口老龄化难以避免。

人口老龄化导致整个社会的老年赡养比急速提高，这意味着在现收现付的财务制度下，为制度缴费贡献收入的人在减少，从制度索取收入的人在增加。老龄化不仅意味着养老保险和医疗保险支付压力增大，与此相伴而生的老年贫困问题愈发突出，对老年福利和老年社会救助的需求也在增大，对政府财政和社会保障制度的可持续发展都带来了巨大的压力与挑战。

3. 福利国家制度不断引发新问题

福利国家普遍化、高水平、多项目、全民化的“普遍福利政策”在为人民带来福利和福音的同时，也产生了一些副作用。福利国家的再分配超过了税收，使国家财政出现了赤字，人均福利增长是这种状况出现的一个重要因素。此外，造成福利国家社会保障资金窘迫的另一个因素，是经济全球化的趋势使得资本向劳动力成本低廉的地区流动，贫困人口向高福利地区流动。福利国家的高税收和高福利政策造成劳动力成本昂贵和产品竞争力降低，结构性长期失业人数增加，纳税人数减少；反过来，福利国家失业支出增加，给社会保障经费造成了更大的支付困难。总的来看，福利国家引发的新问题有：

第一，社会福利扩张过快。巨额的社会保障开支使国家不堪重负，成为政府财政的重大负担。

第二，高税收引发的问题。为了维持高福利支出，必然带来税收的增加，而高税收的副作用是影响了资本投资的积极性和高收入者的储蓄意愿，以致影响国内新技术的使用及固定资产的更新，引起科技人才的外流，最终影响经济的发展。

第三，福利费用增长。福利费用的提高扩大了劳动成本，使一国的国际竞争力下降；财政赤字和通货膨胀反过来促使物价上涨，影响了民众的生活。

第四，养懒人。高标准的社会保障削弱了国民的奋斗精神，助长了一些人的懒惰情绪，降低人们的劳动积极性和工作效率，进而对经济发展产生抑制作用，影响了经济的正常增长，高福利导致了效率损失。

4. 不断扩大的社会保障覆盖面

社会保障制度建立初期，社会救助和社会福利主要面向处于弱势地位的社会成员，而社会保险的保障对象多为正规部门的就业者。随着社会保障事业的发展，国家财政用于社会保障支出的比例不断提高，人们开始认识到社会保障公平性问题。许多国家受《贝弗里奇报告》的普遍性原则影响，着手扩大社会保险覆盖面，将非正规部门就业者相继纳入社会保险体系中。

5. 当代西方社会保障理念的变化

20 世纪 70 年代以前，西方社会保障理念存在严重的极端化倾向。19 世纪末期以前，西方社会保障理念的基本特点是强调自助，认为社会问题主要是由于个人原因而非社会原因造成的，其解决主要应该是个人责任而不是社会责任，社会保障应该依靠个人自助而不是依靠社会或者政府帮助。19 世纪末开始，西方社会保障理念从过去极端强调个人自助转变为过分强调国家责任，认为社会问题的出现主要是社会的原因，其解决主要应该是社会或国家的责任，社会保障应该依靠国家。20 世纪 70 年代末开始，西方社会保障理念再次发生变化，强调国家、社会与个人的共同责任，主张自助、互助与国家保障相结合的社会保障理念逐渐成为西方社会保障的基本理念。

为了减轻政府部门在社会保障计划中的支出，一些国家的政府还采取了转移社会保障经济成本的方式，如向私人部门转移社会保障成本，鼓励社会保障各项服务的市场化。但这些措施仅仅是降低了政府在社会保障计划中的财政负担，并不能从根本上降低社会保障的经济成本。

6. 社会保障对经济发展的影响日益受到关注

社会保障制度模式的选择，离不开社会、文化、经济及政治因素的影响，其对经济发展的影响受到越来越多的关注。古典经济学认为自由竞争的市场能够实现效率最大化，因此主张政府不干预经济，而社会保障的出现改变了古典学派的统治地位。政府通过公共财政资助社会保障，或者通过公共权力干预经济主体参与社会保障，这些都会给经济带来影响。

首先，社会保障筹资会影响经济主体的储蓄行为。社会保障的现收现付制和基金制对储蓄率的影响效果不同，新古典学派因为基金制能够提高储蓄率，而主张实行基金制改革。费尔德斯坦（Feldstein，1974）将现收现付制对储蓄的影响分为两种作用力相反的效应：一是“挤出效应”，即人们可以从公共养老金计划中获得养老金收益，就可能减少用于退休后生活的储蓄，即现收现付制对个人储蓄有“挤出效应”；二是“诱致退休效应”，由于人们可以在退休后得到一笔非劳动收入，闲暇的机会成本降低，可能会诱使人们提前退休，为了保障退休后的生活，人们增强了在工作期间的储蓄。费尔德斯坦认为正是社会保障的“挤出效应”大于“诱致退休效应”，造成了美国20世纪六七十年代储蓄率持续走低，影响了经济增长速度。

其次，社会保障的待遇给付影响经济主体的劳动供给决策。西方的一些学者在研究中发现，由于养老保险制度强制地将人们年轻时的收入部分地转移到年老时期，使闲暇的机会成本降低，老年劳动力会选择较早退休。此外，退休决策是接近退休年龄的人在评估了未来的工资和养老金收益后，按照一生预期收入或效用最大化的原则确定的，因此养老保险收入与退休年龄之间负相关。虽然也有一些学者的研究并没有发现社会保障促使人们提前退休，或者养老金增长对提前退休趋势的作用很小，但大多数人还是认为社会保障与人们提前退休有着密不可分的关系。

社会保障的筹资模式和给付模式对经济发展产生或多或少的影响，加之对财政承受能力的要求越来越高，许多国家不得不开始着手对社会保障制度进行改革，以适应社会保障与复杂的人口、社会、经济等环境因素的相互影响。

7. 国际劳工组织的社会保障改革建议

国际劳工组织在20世纪80年代末就对养老保障制度改革提出建议。即重新设计和实施养老保障计划，在养老基金筹资方面实行部分积累模式，在养老金发放方面实行提高开始领取养老金的年龄和领取全额养老金的缴费资格年限，对达到一定年龄、并继续从事非全日制劳动的养老金制度参加者，实行部分养老金制度。20世纪90年代初，国际劳工组织又建议实行更加灵活的过渡性退休制度。2000年，国际劳工组织进一步阐明其社会保障改革的建议与主张：扩大社会保障制度的覆盖面，改善社会保障管理，促进民众的积极参与和缴费意愿，使社会保障获得更加广泛的社会支持。世界银行也提出了社会保障改革建议，指出养老保障实践可以划分为公共的现收现付制计划、雇主发起的职业年金计划与个人储蓄年金计划，为避免单一支柱的养老保障计划存在的问题，应采用两种不同的筹资和管理方式，即公共管理的、以税收筹资的养老金计划与私人管理的、完全积累制的养老金计划，另外实行一种自愿性养老金计划作为补充，三者构成老年保障的三个支柱。

（二）全球社会保障改革的主要内容

为了摆脱社会保障发展的困境，英国保守党政府 1979 年率先开始社会保障制度改革，以此为标志，西方发达国家于 20 世纪 70 年代末进入社会保障的改革和调整时期。大多数国家以开源节流、增收节支为目标，对原有的社会保障制度进行参数调整或制度改革。

1. 参数调整

参数调整是不改变原有制度模式，仅对原有制度中的个别指标进行修改。例如，为了应对人口老龄化带来的支付危机，实施现收现付社会保障制度的国家，着力调整原有筹资比例和给付水平，通过开源节流，缓解社会保障基金入不敷出的压力。

在“开源”方面，有的国家采取提高缴费率，扩大缴费对象，或者提高缴费上限，扩大缴费基数，或者开征新的税种（如征收社会保障收入所得税），增加收费项目等方式，扩大社会保障基金的来源。

在“节流”方面，一些国家通过修改计发基数、严格待遇领取资格、调整社会保障条件、缩小保障范围、延迟退休年龄、提高领取养老金的年龄等手段，减少社会保障支出。许多国家都改变了原来单一缴费的做法，引入个人缴费机制，提高个人在医疗等方面的自付比例，以抑制社会保障基金支出的过快增长。

2. 制度变革

制度变革是指抛弃原有制度，在社会保障筹资、给付、财政责任等方面建立新的模式。

（1）实行社会保障制度的“私营化”和“资本化”

所谓私营化，就是改变社会保障全部由国家包下来的办法，政府尽量缩减干预社会保障的范围和项目，把这些项目交由私营机构、政府组织、工人合作社和其他社会团体承担。英国、丹麦、比利时、德国、瑞典等国家相继采取了这些措施。它还包括让私人企业在社会保障管理中发挥作用；鼓励发展商业性保险；提倡企业自办保险等。社会保障的“私营化”是社会保障制度改革的一种模式，它既包括建立保障基金个人账户，通过受保者个人预先为自己积累保障金的办法来减轻政府的社会保障负担，也包括把政府公共部门对养老基金的集中垄断性管理转为私人基金公司的分散竞争性管理。“资本化”主要是为了解决养老金的资金储备问题，即基金投资以实现保值增值问题。

（2）部分基金制的探索

现收现付制采取“以支定收”原则，在财务上做到当期收入全部用于当期支出，当期收支平衡。人口老龄化迫使现收现付制国家不得不持续提高缴费率，以应对庞大的开支，高缴费率造成在职人口的不满情绪，带来“代际矛盾”。有些国家未雨绸缪，开始在现收现付制度中留有结余，用丰裕年度的资金填补亏空年度的缺口。

（3）基金制的实践

从1981年开始，智利的养老保险制度实行基金制筹资模式和私营化管理模式。养老保险资金来源于雇员和雇主缴费，设立个人账户，账户基金由所有人在政府制定的退休基金管理公司中自由选择，政府只承担最低退休金的兜底责任。在后来的十多年间，智利资本市场高额收益率使养老基金积累规模不断扩大，不仅为退休者提供了充足的养老金，也通过提高国内储蓄率促进了国民经济的发展。智利的成功，引发了拉美和东亚国家（地区）基金制改革的浪潮，一些实施现收现付制的国家也开始探索通过个人账户基金积累的方式实现养老金的持续给付。与智利等拉美国家不同，东亚国家（地区）在集体主义观念的影响下，选择了政府集中管理的模式，对社会保障基金进行投资运营。

（4）补充制度的发展

一些国家开始尝试建立多层次的社会保险，推出强制性企业年金和自愿性个人养老储蓄，用于补充国家提供的基础保障，提高待遇水平。建立国家基本保险、企业补充保险和个人商业性储蓄保险等多层次的社会保险体系成为改革的趋势。

第三节　各国社会保障制度改革

一、发达国家的改革

在发达国家，过高的社会保障费用导致了庞大的财政赤字，国家财政不堪重负。同时，过高的福利水平影响了劳动者的工作积极性，过高的人工成本降低了企业的竞争力，市场的人力、资源配置功能也由此大打折扣。显然，过高的社会保障水平成了制约社会经济发展的负面因素。从20世纪80年代起，西方发达国家纷纷调整社会保障政策，进行制度改革，分散政府责任，强调企业、家庭和个人在社会保障中的作用，采取措施增收节支，提高社会保险缴费水平或增加缴费项目，降低福利待遇标准，大力缩减政府的公共开支。

（一）解决财政困难的措施

1. 采取经济措施，刺激经济增长

福利经济学的基本理论指出，增加社会福利有两个途径：增加国民收入和改善分配方式。发展经济正是从第一个方面入手，来解决社会保障问题，例如德国，通过降低税率、增加企业和个人的收入来刺激消费和投资。

2. 改革社会保障基金制度

很多国家从基金制度入手，解决社会保障的财政问题。首先，欧盟国家确保年金给付的适当性，促使公私年金制度的多样化、灵活化，保障高于基础收入保障的给付水平。其次，有些国家，如瑞典、芬兰等，导入部分积累制度，法国将公共部门部分基金转为年金特别持有基金。此外，一些国家试图强化缴费与给付间的平衡性及提高代际负担的平衡性，例如瑞典废止了基础年金，进行收入比例年金体系的改革。

3. 减少公共支出

在养老保险方面，一是增收节支，缓解财政危机。主要是提高缴费率、延长法定缴费年限、提高领取养老金年龄、调整养老金的计算和发放等办法。二是建立多支柱养老保险体制，推崇“三支柱”的养老保障模式。第一个支柱是国家基本养老金方案；第二个支柱是私人管理的强制性储蓄制度，即企业年金；第三个支柱是个人自愿养老储蓄，由国家、企业和个人共同负担养老责任。各国普遍地缩小基本养老金的规模，加强企业和个人的责任。目前世界上大多数国家都在向多支柱养老保险体制转变。三是引入养老基金的私人机构管理和投资运营，以求提高收益率，达到基金保值增值的目的。同时大力加强国家监管，以保障资金的安全。在医疗保险方面，总的目标是保障公民享有基本医疗服务，并在保证满意度的同时，大力减少浪费，控制医疗保险费用。主要做法是加强对医疗机构的约束和激励制度，改革住院医疗和药品付费制度，个人自付一定比例的医药费用等。在失业保险方面，一些发达国家改变以往着重为失业者提供优惠失业保险的思路，把重点放在再就业援助上，例如提供就业培训，鼓励企业雇用失业人员等，以促进再就业，减轻社会保障的负担。

（二）针对劳动力市场的变化采取的措施

在促进就业问题上，英国工党政府提出了一个耗资56亿美元、旨在修补不堪重负的社会福利制度、鼓励人们积极谋职的就业计划。瑞典采取了鼓励残疾人就业的措施，采用了一种让受给者在能够保持一定期间的残疾福利受给资格的同时，尝试就业的退休残疾福利年金。

（三）针对家庭结构的变化采取的措施

针对现代社会单亲家庭越来越多的状况，西方国家一方面尽力采取措施去维护家庭的完整性，例如德国宪法规定，对于结婚和有家庭的人，国家实行特殊的保护制度；另一方面对于单亲家庭予以帮助。例如德国实行了分割年金制度，为选择兼职工作来养育子女的公民提供适当水平的平均收入，并重视单亲家庭子女的教育。

二、经济转轨国家的改革

在经济转轨国家，20世纪80年代以后，计划经济体制国家向市场经济转轨，原有的社会保障制度也需要随之改革，以适应市场经济的要求。这些国家在改革中借鉴了发达国家的一些做法。主要内容包括：一是建立社会保险和社会救济相互补充的保障体系，例如一些国家规定了家庭最低收入救济标准，也有的国家延长了失业救济金的领取时间，以应对转型期的失业和贫困人口增加的问题。二是建立多层次的社会保障体系，包括国家强制的最低水平保障、由缴费年限和缴费额决定的补充保险和自愿购买的补充保险三个层次。三是增加缴费主体，提高缴费水平。一方面，改革旧体制下个人不缴费为个人缴费；另一方面提高企业缴费率。四是提高退休年龄，降低养老金待遇。

三、发展中国家的改革

在发展中国家，社会保障制度的改革呈多样化趋势。许多国家的社会保障致力于扩大覆盖面，建立和完善社会保障制度，并注意避免走发达国家社会保障制度走过的弯路。把农民、渔民和非正规部门就业者纳入社会保障体系，是许多发展中国家面临的重大问题。一些国家对此进行了尝试，例如斯里兰卡对农民和渔民实行了自愿养老年金计划，印度尼西亚将储蓄性养老保险扩大到所有工薪劳动者。在医疗保障方面，许多发展中国家以扩大覆盖面为主，努力实现“人人享有健康”的目标。

思考题：

1. 德国历史学派的社会保障主张有哪些？
2. 贝弗里奇的社会保障思想的内容及其特征是什么？
3. 西方社会保障制度改革的背景是什么？
4. 发达国家社会保障制度改革的措施有哪些？
5. 西方社会保障制度的发展经历了哪些阶段？

第三章 社会保障基金

第一节　社会保障基金概述

社会救济、社会福利和社会优抚基金的运行过程涉及两个环节：基金的筹集和基金的给付。基金的主要来源是政府预算的一般税收项目，也来源于各种社会捐赠。基金给付通过社会保障经办或受托机构支付给受益人。社会救济、社会福利和社会优抚基金一般采用现收现付制，其收支过程可以看作一种单一的财政过程。

一、社会保障基金的概念

从资金关系来看，基金是指经过国民收入初次分配和再分配后形成的、用于特定目的的资金。从组织性质上讲，基金是指管理和运作用于特定目的并进行独立核算的资金的机构或组织。

本书在较为广泛的意义上使用“社会保障基金”一词，认为它是国家或企业等组织按照法律、法规和政策等规定，通过各种方式和渠道建立并依法管理，用于实施社会保障制度的各种专项资金的总和，是实现社会保障制度政策目标的物质基础和核心条件。

（一）社会保障基金的含义

社会保障制度的建立与正常运行离不开社会保障基金这一物质前提。社会保障基金是指为实施各项社会保障制度，依法通过各种方式建立起来的，用于社会保障项目支出的专项资金。它是实施社会保障制度的物质基础。社会保障制度的建立、运行和持续发展，必须依靠社会保障基金的支持。可以从下面几个层次深入理解社会保障基金的含义：

1. 社会保障基金是依法强制筹集的资金

社会保障是政府组织的，通过社会互济来化解个人风险、确保社会成员基本生活的事业，具有公共物品属性。政府依法建立社会保障制度，规定社会成员纳税或缴费的责任和义务，强制筹集社会保障资金。征税与征费的强制性有差别，征税的强制力大于征费。征税依据税法，违者将受到法律制裁；征费依据文件，不能按时、足额缴费的将受到行政处罚。

2. 社会保障基金是专项资金

社会保障基金是强制筹集、专项用于社会保障事业的资金，不得挪作他用。财政部门建立财政专户，将筹集的社会保障费（税）划入财政专户，专款专用。在实行社会保障资金预算内管理的国家（如英国），社会保障税纳入国家预算，在社会保障资金不足时可由预算内给予平衡，但社会保障资金往往不能用于平衡其他财政支出项目。

3. 社会保障基金是消费性资金

社会保障资金是储备性消费资金，在社会成员因遭遇年老、疾病、伤残、生育等风险，丧失或部分丧失生活来源时，由政府组织或支持，向其提供保障基本生活所需的物质和资金，用于维持其生存和劳动力再生产。这些资金用来满足社会成员的生活所需，不以投资获利为目的。因此，社会保障资金的最终目的是购买消费品，一些国家通过金融市场对社会保障基金进行投资营运，只是为了基金的保值增值，最终还是用于消费性支出。

（二）实行社会保障基金的意义

社会保障基金是社会保障事业正常运转的物质前提，不同的社会保障基金管理模式对经济活动产生重要影响，因此社会保障基金在社会经济中有着重要的意义。

1. 社会保障基金是社会保障制度运行的物质基础

如果没有社会保障基金，或者社会保障基金不足，那么社会保障这一上层建筑就会失去物质基础，根本无法存在。以养老保险为例，各国都将养老保险列为社会保障体系中最重要的项目，但是，受人口老龄化等因素影响，如果养老金支出快速膨胀导致养老金不足，养老保障体系的运行就会出现困难。

2. 社会保障基金是经济增长的助推器

社会保障基金相当于政府强制性的储蓄基金，由于这种基金具有支付周期长、数量庞大等特点，对促进经济增长有重要作用。社会保障基金的投资、运营也是促进资本市场发展与完善的重要力量。社会保障基金在投资上重时间结构与资产结构的组合，对基金安全性、流动性的要求，在一定程度上减轻了资本市场上过分追求盈利而带来的风险。作为机构投资者，社会保障基金对稳定资本市场（尤其是股票市场）、完善信息披露制度等有重要的促进作用。

二、社会保障基金的类型

国际劳工组织规定，社会保障基金包括医疗、疾病、失业、工伤、老龄、家庭、残疾、生育、遗属九个方面，其中前五个方面是最重要的，各国在建立本国的社会保障基金制度时都不同程度地包含了这些方面。依据不同的性质和特征，社会保障基金又可以划分为不同的类型。

（一）按基金营运管理方式划分

1. 财政性社会保障基金

各国采用的社会保障模式不同，其财政性社会保障基金的功能与结构也不同。在实行现收现付制的国家，财政性社会保障基金规模庞大；而在实行完全基金制的国家，财政性社会保障基金的规模大为缩小。

中国社会保障基金包括社会统筹账户基金和个人账户基金，其中社会统筹账户基金属于财政性社会保障基金，来源于企业缴费和国家财政补助。2013 年社会保险基金预算按险种分别编制，首次列入预算报告，接受我国最高权力机关的监督。

2. 市场信托管理基金

基金的市场信托管理是指基金会法人将单位和个人缴存的积累式的社会保障基金委托给金融中介机构（如基金管理公司、投资管理公司）进行营运管理。一般地，市场信托管理基金包括企业补充保险基金和个人缴纳并记入个人账户的基金，可以由基金资产的名义持有人（各国的社会保障机构或基金会）委托金融中介机构营运管理。

3. 公积金基金

公积金基金是雇主和雇员依法缴纳，并记入个人账户的基金，有法律规定用途和领取条件，并由法定机构营运管理。例如，实行中央公积金制度的新加坡通过中央公积金管理局对基金进行管理。公积金基金既不是财政性资金，又不同于银行储蓄资金。它与市场信托管理基金的区别在于，公积金基金是由法定金融机构进行营运管理；而市场信托管理基金是通过市场竞争，由基金会法人委托金融机构进行营运管理。

（二）按社会保障项目划分

1. 社会救济基金

社会救济基金一般分为政府掌握的救济基金和民间组织掌握的救济基金。政府的救济基金来源于国家财政，是为了应对各种自然灾害对人民生命财产带来的损失；民间组织如慈善机构的基金来自各种捐款和赠予，用于帮助那些亟须得到帮助的人，是国家救济的重要补充。

2. 社会福利基金

按照中国社会保障的概念，社会福利是社会保障的一个子系统，因此，社会福利基金也应是社会保障基金的一部分。社会福利基金既有国家财政拨款，又有民间的捐赠。社会福利基金还可以进一步分为妇女儿童福利基金、老年人福利基金、残疾人福利基金、教育福利基金、优抚安置基金及其他社会福利事业基金等，各种福利基金都有其特定的服务领域和服务功能。

3. 社会保险基金

社会保险基金来自雇主和雇员的缴费以及国家财政援助，是社会保障基金的主要组成部分。社会保险基金可以按照具体的社会保障项目进一步分为养老保险基金、医疗保险基金、失业保险基金、工伤保险基金等。一些国家实行分项筹集、分项使用的办法，另一些国家实行混合筹集、混合使用的办法。关于社会保险基金是否纳入国家财政系统这一问题，各国采用不同的做法。一些国家将社会保险基金纳入国家财政中，对其按照财政性社会保障基金的管理办法进行管理；另一些国家的社会保险基金自成系统，既可由政府社会保险管理部门管理，又可通过建立专门的基金组织或委托融资机构负责管理。

4. 其他保障项目基金

其他保障项目基金有住房公积金、补充保障基金、民间保障基金等形式。补充社会保障属于非制度安排，是正式制度下社会保障者福利开支保障基金的一种补充。补充保障基金来源于雇主与雇员的缴费，由非政府组织负责管理，如互助保障基金、企业补充保险基金等。民间保障基金主要来源于社会捐赠，是慈善事业和民办福利事业的经济基础。民间保障基金由慈善公益事业团体管理，用于各种社会性救济和服务事业。

（三）按账户积累模式划分

1. 社会统筹账户基金

一般地，社会统筹部分实行现收现付制，即以支定收，不留积累，根据需求灵活调整缴费率。但是各国都意识到人口老龄化问题的严重性，纷纷对社会保障制度进行改革，将原来的现收现付制改为部分基金制。保留社会统筹账户基金就是部分基金制的一种模式。这种制度是在社会统筹框架内建立部分基金积累，其做法是调高费率或在基金支付压力较小时降低费率，留有部分积累。

2. 个人账户基金

个人账户基金是在完全基金制或统账结合的部分基金制中形成的。20 世纪 80 年代以后，一些南美国家和东南亚国家开始实行完全积累的社会保障制度，将雇主和雇员所缴纳的社会保险费存入个人账户，并通过私人管理或政府管理形式进行投资运营，以实现基金的保值增值。与此同时，一些国家也将基金式的筹资模式引入本国的社会保障制度中，确定了统账结合的部分积累式社会保障制度。

第二节　社会保障基金的筹集

社会保障基金是社会保障制度运行的基础和根本保证。如果资金来源不稳定或所筹集的资金不能满足社会保障事业的需求，那么社会保障的规模便无法扩大，待遇水平无法提高，甚至难以维持已有的社会保障水平，保障功能便无法实现。社会保障基金筹集是社会保障基金管理的重要环节，是指由社会保障经办机构或税务部门，按照社会保障制度规定的计征对象和计征方法，根据一定的费（税）率定期向劳动者及其所在单位征收社会保险金的行为。

一、社会保障基金的来源

社会保障基金来源于国民收入的初次分配与再分配，是为了满足受保障者基本生活需要而建立的基金。一般来说，各国社会保障基金的来源是国家、企业和个人三方共同承担的社会保障费（税）。因此，社会保障基金来源于国家财政补助和企业、个人的缴费。下面以社会保障费为例，介绍社会保障基金的来源。

（一）企业及个人缴纳的社会保障费

企业利用劳动力资源获得利润和再生产的必要条件，就应当承担保障劳动者的责任。企业缴纳的社会保障费并未包括企业从利润中提留的福利基金，以及在某些国家中用法律规定雇主在解雇雇员时给予的遣散费和给予退休雇员的一次性退休金。一般来说，企业缴纳的社会保障费被列入企业人工成本，在税前予以扣除。一方面，鼓励企业为其职工缴纳相应的社会保障费；另一方面，过高的缴费率使企业成本增加，不利于企业参与市场竞争。

为了享受社会保障的权利，职工个人承担相应的责任是理所当然的。个人缴费记入个人账户，是将近期消费转变为未来消费，以实现一生中收入和消费的纵向平衡。一般情况下，个人按其劳动收入的一定比例缴费，高收入者多缴费，低收入者少缴费。

（二）国家财政补助

国家有保障社会成员基本生活的责任。在社会保障基金刚刚起步或社会保障工作遇到特殊困难时，国家的财政支持是必不可少的。国家的财政支持分为直接资助和间接补助。直接资助是采取财政拨款的形式提供社会保障资金；间接补助是政府通过税收减免的方式鼓励企业、个人多缴费。例如，政府对保费在税前予以扣除、对社保基金的投资收益免税、对受保人享受的社保待遇免税等措施均属于间接补助。

（三）基金运营收益

社会保障基金常以银行存款和购买国债作为主要投资方式，因此银行存款利息和国债利息收益都应记入社会保障基金收入账户，形成社会保障基金的一个来源。20 世纪 80 年代智利实行养老制度改革，将养老基金交由私人机构进行管理和营运，由于基金投资收益较高，智利模式一度被拉美国家所效仿。但应看到，基金的商业化营运风险较大，资本市场不发达、金融风险抵御能力差的国家需要谨慎地将社会保障基金投入资本市场。无论如何，社会保障基金一旦进行商业化营运带来投资收益，其增值部分就构成了社会保障基金的来源。

（四）其他渠道

1. 福利彩票

发行福利彩票被看作国民收入的第三次分配。发行福利彩票所筹集的资金被用于兴办各种社会福利事业。无论在发达国家，还是在发展中国家，发行福利彩票都是一种既有效又受欢迎的筹资渠道。

2. 社会捐赠

社会捐赠以自愿捐献为原则，由民间慈善团体负责征集并用于各种社会救济与福利事业。社会捐赠是慈善事业赖以生存和发展的经济基础，是筹集社会保障基金的一种非正式的但不容忽视的渠道。社会捐赠的水平与社会成员的收入水平相关。我国社会捐赠的主要来源是企业及企业家等，在遇到重大自然灾害时民营企业社会捐赠参与度也非常高。

3. 收费服务

尽管社会福利事业不以营利为原则，但随着社会福利事业的社会化，一些具有经济能力的个人或家庭提出了享受更高水平福利的需求，对这部分群体实行收费服务是可行的，也是必要的。

二、社会保障基金的负担方式

从整体来看，社会保障基金来源于国家财政补助、企业与个人的缴费等。但是，不同社会保障项目的筹资渠道不同，负担方式也各不相同。一般地，以全民为对象的社会保障项目的资金来源于中央及地方各级政府的财政支出，而以工资收入者为对象的社会保障项目的资金来源于企业、个人缴纳的社会保障费（税）。

（一）企业全部负担

工伤保险基金多采用这种负担方式。工伤是职工在为企业工作时遭遇的人身伤害，因此工伤保险基金应由企业完全负担。我国的工伤保险便是由企业一方负担的。

（二）政府全部负担

在国家保障型社会保障模式下，往往是政府负担所有的社会保障费用。实际上，政府在社会保障方面的支出来自财政收入，归根结底来源于劳动者创造的价值，是对这种价值的转移支付。福利国家通过征收较高的社会保险税，由政府提供社会保障基金。一些发达国家的部分社会保险项目也采用政府全部负担的方式，如美国政府对高龄老人给予养老补助。我国社会救济项目资金来源于政府财政。

（三）企业和个人共同负担

在实行完全基金制的国家，如新加坡社会保障基金来源于雇主和雇员的共同缴费，政府不承担社会保障责任。根据负担比例的差别，这种负担方式又可分为以下三种类型：第一，雇主和雇员平均负担；第二，雇主负担绝大部分，雇员只负担一小部分；第三，雇员负担绝大部分，雇主只负担一小部分。我国规定企业年金基金由企业和个人共同缴费，政府不承担筹资责任。

（四）企业和政府共同负担

在计划经济体制下，企业承担职工保障的大部分责任，政府扮演最终支持者的角色。当企业由于亏损、倒闭等原因无力为职工提供保障时，则由政府出面解决。这种负担方式下，企业承担了更多的社会责任，使企业负担沉重。

（五）政府和个人共同负担

一些国家为了减轻企业负担，在一些社会保险项目上采用政府和个人共同负担的方式。如瑞典的失业保险和瑞士的健康保险就由政府和个人共同负担，其中政府负担大部分，个人负担少部分。我国的城乡居民社会养老保险、城乡居民基本医疗保险，都是由个人缴费和政府补助的双方负担方式筹资的。

（六）企业、个人和政府三方共同负担

大多数国家在老年、残疾、死亡、疾病和生育等社会保险项目上采用三方共同负担的方式。一般采用强制性保险的方式，包括在职工就业期内定期从工资收入中扣除（个人缴费部分）、企业按职工工资总额的一定比例缴费、国家运用财政支出手段予以补助。在实践中，以雇主和雇员缴费为主体，国家补助起到辅助和“最后支持者”的作用。

我国规定社会保障基金由政府、用人单位及职工个人共同提供，其中用人单位和个人承担主要责任，国家财政在必要时予以补助。

三、社会保障基金的筹资模式

社会保障基金的筹集模式是指筹集社会保障资金的方式。社会保障基金像一把“双刃剑”，若社会保障基金不足，则社会保障基金无法及时足额发放，会降低社会保障制度的保障功能，影响社会保障制度的持续性；若社会保障基金规模过大，强制缴费又会减少企业投资和居民消费，制约经济发展。因此，筹集社会保障基金要考虑收支平衡问题。收支平衡是社会保障基金筹集的总原则，它要求一定时期内社会保障基金的筹集总额应与需要支付的社会保障费用总额保持大体上的平衡关系。收支平衡包括近期横向收支平衡和远期纵向收支平衡。

近期横向收支平衡是指当年内征缴的社会保障费总额与同期需要支付的社会保障费总额保持平衡。这种平衡关系着眼于当前；远期纵向收支平衡是指在整个投保期内，投保人所缴纳的社会保障基金与其投资收益总和、与投保人所享受的待遇总额保持平衡。这种平衡关系着眼于将来，先将社会保障费征缴上来形成基金积累，在需要时按期支付。

按照近期横向平衡和远期纵向平衡的不同平衡方式，可以将社会保障基金的筹资模式分为三种：现收现付制、基金制和部分基金制。

（一）筹资模式类型

1. 现收现付制

现收现付制又称“统筹分摊制”“现金支付制”，是一种以近期横向收支平衡为原则的资金筹集方式。现收现付制的具体做法是先将当年所需支出的社会保险费用加以预算，然后按照一定比例分担到参加社会保障的所有企业和个人，当年收缴，当年支付。

2. 基金制

基金制又称“预提分摊制”“储蓄制”，是一种以远期纵向收支平衡为原则的筹资模式。基金制的具体做法是在对社会经济指标（包括退休率、死亡率、工资增长率、通货膨胀率、利息率等）进行长期预测的基础上，确定一个可以保证在相当长的时期内收支平衡的总平均收费率，将其分摊到保障对象的整个投保期并将尚未支出的保险金积累起来进行投资营运。

3. 部分基金制

部分基金制又称“混合制”，是将近期横向收支平衡原则与远期纵向收支平衡原则结合起来的筹资模式。部分基金制包括在现收现付的基础上增加一定比例的积累，与实行社会统筹和个人账户相结合的基金积累两种管理方式。第一种方式是在现收现付的框架中，将当年未支付完的资金积累起来，形成基金并在支付高峰期用来补充当年收不抵支的缺口。这种方式筹集的基金可以进行投资运营，以保持结余资金不贬值或获得一定投资收益。第二种方式是将收缴的社会保障资金分为社会统筹账户和个人账户两部分，社会统筹账户按现收现付方式筹资，个人账户则实行完全积累，两种账户相结合形成部分基金制。

（二）筹资模式选择

我国从实际出发，选择了部分基金制，采用“统账结合”的管理方式。在社会保障资金的筹集中，一部分采取现收现付制，保证当前的开支需要；另一部分采取基金制，满足未来开支的不断增长。在“统账结合”中，社会统筹账户资金来源于企业缴费和政府补助，属于现收现付制的筹资模式，用于支付当期养老金，遵循公平原则，体现社会互济；个人账户资金来源于个人缴费和利息收入，属于基金制的筹资模式，用于缴费者退休时支付个人养老金，遵循效率原则，体现自我保障。

（三）社会保障费（税）率的确定

社会保障费（税）率是根据精算确定的。无论采取哪种筹资模式，社会保障费（税）率的确定都要遵循收支平衡原则。

1. 现收现付制

在现收现付制下，当年或当期的养老保险基金收入总和应与同年或同期养老金的支出总额相等。现收现付制是以近期横向收支平衡为原则的基金筹集方式。按照这个原则，现收现付制要求先进行当年或近几年内某项社会保险措施所需支付的费用预算，然后按照一定的比例分摊到参加社会保险的单位和个人，当年提取当年支付，一般不留余额。所需费用一般是根据上年度实际开支的总额，加上本年度预计增加的总额求得，在实际提缴基金时，通常要使提取的总额略大于预计支付的总额，做到略有结余以保证能满足实际支出的需要。

2. 完全积累制

完全积累制是以远期纵向收支平衡为原则的社会保险基金筹集方式，实质是个体一生中的收入再分配制度。远期纵向收支平衡是指在一个相当长远的计划期内所提缴的社会保险基金及投资收益总和，与计划期内预计支付的社会保障金额及相关费用总额保持整体的平衡关系。这一原则强调在长时期内逐渐积累基金，逐渐使用基金，保持纵向的循环平衡。运用这种方式，要先对社会经济的发展，对有关人口、就业、健康、利率等指标进行较长期的宏观预测，并在此基础上测算出计划期内社会保障所需费用的总量，再根据所需费用，有计划按比例地在计划期内由参与社会保障的单位和个人缴纳，对积累起来的基金实行严格科学的管理和运营。

3. 部分积累制

部分积累制是兼容近期横向收支平衡原则和远期纵向收支平衡原则的筹资模式。基金的筹集中，一部分采取现收现付方式，保证当前开支需要；另一部分采取积累方式，以满足未来支付增长的需求。这种模式的特点是既避免了基金制的较大风险，又可缓解现收现付模式缺乏储备和负担不均的问题。但这种筹资模式存在管理复杂、操作难度大等不足。

在其他条件相近的情况下，完全积累模式的社会养老保险基金的偿付能力是最强的，其次是部分积累模式，最差的是现收现付模式。但每种模式的实施，都需要有相应的社会经济水平与之适应。

（四）社会保险基金收入

社会保险基金来源于社会保险基金收入，目前我国社会保险基金收入包括：

1. 社会保险费收入

社会保险费收入是指缴费单位和个人按缴费基数的一定比例分别缴纳的基本养老保险费、失业保险费和基本医疗保险费等收入。按我国现行规定，企业按职工工资总额的16%缴纳基本养老保险费，按工资总额的2%缴纳失业保险费，按工资总额的6%缴纳基本医疗保险费；职工按本人工资的8%缴纳基本养老保险费，按工资的1%缴纳失业保险费，按工资的2%缴纳基本医疗保险费。

2. 利息收入、财政补贴收入、转移收入、上级补助收入、下级上解收入等其他收入

利息收入是指社会保险基金购买国家债券或存入银行所取得的利息收入；财政补贴收入是指财政对社会保险基金给予的补贴收入，当社会保险基金入不敷出时，政府有责任给予财政补贴；转移收入是指因参保对象跨统筹地区流动而划入的基金收入；上级补助收入是指下级经办机构接收上级经办机构拨付的补助收入；下级上解收入是指上级经办机构接收下级经办机构上解的基金收入；其他收入是指滞纳金及其他经财政部门核准的收入。

（五）社会保险基金支出

社会保险基金支出按其项目划分为社会保险待遇支出、转移支出、补助下级支出、上解上级支出和其他支出。社会保险基金支出按社会保险待遇支出等项目设置，主要是为了更全面、更直观地了解社会保险基金用于社会保险对象个人方面的支出，以便分析和掌握社会保险对象的社会保障待遇水平，及时调整保险对象范围和保障水平。

1. 社会保险待遇支出

社会保险待遇支出是指按规定支付给参保人的支出，它包括基本养老保险待遇支出、失业保险待遇支出、工伤保险待遇支出、生育保险待遇支出和基本医疗保险待遇支出。

2. 转移支出

转移支出是指因社会保险对象跨统筹地区流动而转出的养老保险基金、失业保险基金、工伤保险基金、生育保险基金和医疗保险基金支出。

3. 补助下级支出

补助下级支出是指上级社会保险经办机构拨付给下级社会保险经办机构的社会保险基金补助和调剂支出。其资金划拨方式可以通过上级财政专户直接划拨到下级财政专户，也可以通过上级支出户划拨到下级收入户再进入财政专户。

4. 上解上级支出

上解上级支出是指下级社会保险经办机构上解上级社会保险经办机构的社会保险基金调剂支出。其资金划拨方式可以通过下级财政专户直接划拨到上级财政专户，也可以通过下级支出户划拨到上级收入户再进入财政专户。

5. 其他支出

其他支出是指经国务院批准、财政部门核定的其他非社会保险待遇方面的支出。如基金入不敷出时发生的临时借款的利息支出等。银行手续费、社会保险证照工本费、离退休人员活动费等支出均不得在其他支出中列支。

第三节　社会保障基金的运营

社会保障基金运营是指通过各种投资途径，实现社会保障基金的保值增值的基金管理活动。一般而言，在现收现付制下，按照以支定收的原则征缴社会保障费，并通过调整缴费率以保证社会保障基金收支平衡。在各种社会保障项目中，失业和工伤保

险是暂时性支付，对象是个别的，因此失业、工伤保险基金不存在保值增值的问题。各国（除新加坡、中国等国）的医疗保险多实行现收现付制。由此可见，存在保值增值问题的社会保障基金主要是实行积累制或部分基金制国家的养老保险基金及作为补充的企业补充保险基金和个人储蓄性基金。

一、社会保障基金运营的概念

社会保障基金的运营是指对实行积累制和部分基金制的社会保险基金，暂时不用于支付的结余部分，利用其从收取到支出的时间差，在法律允许的范围内，通过投资运营使其不断增值，并使其增值部分超过一般利息率、工资增长率和物价变动率的资金使用行为。社会保障基金与其他类型基金的投资运营目的是一样的，都是获得投资收益，以实现资金的保值增值。

社会保障基金是为了应付各种社会风险给社会成员带来生活困难，或生活水平大幅下降而设立的一种基金。为了实现社会保障基金的保值增值，必须进行投资。通过投资获取投资收益，以抵御通货膨胀带来的实际保障水平降低的风险。作为政府实施社会保障制度的经济基础，社会保障基金的投资必须遵循一定的原则。

二、社会保障基金的投资原则

（一）安全性原则

为了确保社会保险机构有足够的偿还能力，社会保障基金的投资运营须遵循安全性原则，使基金能够安全返回。多数国家通过立法规定社会保障基金必须投资于安全性资产，因此政府债券作为“金边债券”往往成为首选。但是，安全性资产的收益率较低，在通货膨胀情况下难以实现基金的保值增值。

（二）盈利性原则

在保证基金安全的前提下，要追求高的投资收益率以保证基金的增值。一些国家规定社会保障基金投资运营的收益率应高于银行存款利率，基金不仅要有盈利，而且只有当盈利率（投资回报率）大于通货膨胀率时，基金保值增值的目标才能实现。为了追求高的收益率，往往选择一些风险较高的投资项目。高的收益率意味着高的风险，所以要在安全和高收益率之间找到最佳组合。

（三）流动性原则

基金投资的流动性是指基金为保值增值而投资的某一项目资产，在其不损失原价值的条件下，能随时转换成现金的能力。为了应付诸如医疗、工伤等保险可能随时支付的需要，投入运营的基金必须保持一定的流动性。

（四）社会效益原则

社会保障基金在选择投资方向时，除了考虑投资收益以外，还要发挥基金的社会功能。首先，社会保障基金是长期基金，稳定性强。其次，在选择基金投资方向时，不仅要考虑经济利益，而且要兼顾社会利益，不能一味追求盈利性而忽视给社会带来的成本。

社会保障基金的安全性、盈利性和流动性原则常被称为基金投资“三原则”，也是基金投资的主要目标。但是这三个目标是有矛盾的。风险越大的资产，盈利性越强，安全性与盈利性是负相关关系。流动性强的资产盈利能力差，流动性与盈利性也是负相关关系。因此，社会保障基金应选择不同风险、不同流动性的资产加以组合，以分散风险，提高收益。

三、社会保障基金的投资方向

在遵循以上原则的基础上，各国根据本国基金的规模、资本市场完善程度及投资收益率情况，对投资运营做出不同规定。一般地，社会保障基金的投资方向分为以下几类：

（一）银行储蓄

对于金融体系欠发达的国家来说，间接融资是资金融通的主要渠道。

社会保障基金投资银行存款风险低、收益稳定，可以满足广大资金需求者的融资需求。社会保障基金由于投资期限较长，也可以改善银行普遍面临的资产期长、负债期短导致的期限结构不匹配问题。但是，银行储蓄收益率低，不利于实现基金的保值增值。

（二）政府债券

按照发行主体划分，政府债券包括中央政府债券和地方政府债券。政府债券由于有政府信用担保，投资风险最低，成为社会保障基金普遍采用的投资渠道。通过购买政府债券，特别是长期政府债券，一方面可以为国家经济建设提供必要的资金支持；另一方面也满足了社会保障基金投资的需要，分享经济发展带来的成果。但是，社会保障基金投资政府债券同样面临收益率较低的问题。

（三）非政府债券

非政府债券包括金融债券和企业债券，收益率通常较稳定。债券可能违约，随着利率等因素变化，债券价格存在波动，因而非政府债券投资有一定的投资风险，但风险小于股票投资。非政府债券投资风险和债券评级有关。各国通常对社会保障基金可投资债券有评级要求，一般仅可投资于投资级以上级别的债券。社会保障基金投资非政府债券要求该国或该地区具备比较发达和完善的资本市场。

（四）股票

股票价格波动性大，是高收益、高风险的投资品。历史上，政府对社会保障基金投资股票限制严格。近年来，为了提高社会保障基金收益率，部分国家放松了这种限制，开始允许社会保障基金更多地投资到股票市场上。但是，股票投资的高风险属性使其不可能成为社会保障基金投资组合的主要构成部分。

（五）衍生品

股票、利率和汇率衍生金融产品投资具有较高的风险，但社会保障基金在股票投资、债券投资和海外投资时面临着股票价格、利率、汇率变动带来的风险，因此有必要通过衍生品投资来实现套期保值。

（六）直接投资

直接投资通常也是高风险、高收益的投资方式。社会保障基金直接投资有两种方式：第一，直接创办经济实体，通过经济实体商业运作获取投资收益；第二，投资于长期基础设施建设，这种方式投资周期长，收益较为稳定。社会保障基金直接投资应当坚持以既定的投资目标为导向，避免受到不恰当的干扰而影响投资绩效。

各国社会保障基金投资实践证明，对基金投资进行多种资产的组合，不仅有利于分散风险，而且可以提高基金投资收益率。

四、社会保障基金的投资决策

社会保障基金投资是否恰当关系着社会保障制度的稳健运行，也关系到每一位参保人的利益。与一般基金的金融投资决策类似，社会保障基金的投资决策也包括确定投资目标、明确投资约束等内容。

（一）投资目标

1. 收益目标

社保基金的收益目标取决于未来社会保障支出的需要，如果未来社会保障开支较大，需要有足够的社保基金作为资产储备，则收益目标较高。如果社会保障待遇和通货膨胀挂钩，则通常社保基金只需实现保值增值即可。如果社会保障待遇和工资增长挂钩，则需要社保基金有更高的投资基准。

2. 风险目标

社保基金的风险目标取决于基金客观的风险承受能力和受托管理人的主观风险态度。影响社保基金风险承受能力的因素包括：社保基金的支付需要、参保人的年龄结构以及资金来源的稳定性等。受托管理人的主观风险态度和基金类型有关，基本社会保险基金投资损失会给管理者带来较大的政治压力，一般投资更为稳健，而企业年金基金投资则较为积极。

（二）限制性因素

金融投资决策中所面临的限制性因素包括流动性、投资期限、税收、政府监管和特殊要求等。与一般基金不同，包括我国政府在内的各国政府对社保基金投资一般均免征资本利得税或利息税，因此社保基金投资无须考虑税收这一限制性因素，但是仍需要考虑流动性、投资期限、政府监管和其他特殊要求等。

1. 流动性

流动性是指资产能够以一个合理的价格顺利变现的能力。社保基金需要有足够的流动性资产来满足待遇发放。如果社保基金投资于流动性较差的市场，将导致无法及时变现或变现时需要付出较高的折价。因此，社保基金制定投资组合时必须考虑流动性因素。

2. 投资期限

社保基金处于连续不断的滚动运营中，从参保人缴费到领取跨期很长，因而投资期限也较长。因此，长期债券投资在社保基金投资组合中占据较大的比重。

3. 政府监管

通常，政府对社保基金投资有各种监管要求，例如限制社保基金投资股票等高风险资产的最高比例，限制社保基金投资单个证券的最高比例，或者限制国债等安全性较高的资产的投资比例等。社保基金在投资决策中应当遵循政府的监管规定。

4. 特殊要求

社保基金在投资决策中通常还须考虑社会责任投资（socially responsible investing，SRI）。所谓社会责任投资是指在选择投资对象时不仅关注其财务、业绩方面的表现，同时关注投资对象社会责任的履行，在传统的投资对象选择上增加了环境保护、社会道德以及公共利益等方面的考量。

第四节　社会保障基金的给付

社会保障基金给付又称社会保障基金支付，是指按照法律、法规的规定，由社会保障管理机构按照一定的标准和方式，将资金给付符合条件的社会成员，使其享受相应的社会保障待遇。社会保障基金给付是保障对象获得保障权利的重要环节，受益人从社会保障制度中获得公民基本保障应有的资金支持或与其缴费责任对应的社会保障待遇。

一、社会保障基金给付方式

社会保障基金给付方式是保障金发放的方式，分为年金给付制和一次性给付制。一般地，如果化解社会成员个人风险需要分阶段持续进行，则采用年金给付制，使保障对象在允许的时间和范围内获得持续性物质帮助。如果个人风险是由个别事件（如疾病、伤残）引起的，通过一次性帮助可以化解个人风险，则适用于采用一次性给付制。在社会保障诸项目中，养老保险、失业保险多采用年金给付制，而医疗保险、工伤保险、社会救济等多采用一次性给付制。

（一）年金给付制

年金给付制也称定期支付或是周期性给付，是按照固定的时间间隔（如按周、月或年），向被保障人提供一定数额资金的给付方式。年金给付制往往需要资金账户的长期积累和较长时期的账户管理，目的是为账户所有人提供稳定的收入。

年金给付制的优点包括：①为被保障人提供持续性收入来源。年金给付制是按照固定时间间隔，在保障期内给予被保障人源源不断的收入来源。养老保险的年金支付终身，失业保险的年金支付也会持续一定时间，在保障期内这种资金的支付是不间断的。②平滑消费，确保被保障人的生活稳定。年金给付制将被保障人在保障期内的消费支出熨平，避免因保障资金被短期内用完而使被保障人失去收入来源，从而确保其生活的稳定性。③使被保障人获得安全感，有利于社会稳定。持续、稳定的收入来源，使被保障人感到安全，心理上得到依靠，缓解个人因风险带来的沮丧，安抚被保障人的心理，避免因心理失衡带来的不满情绪甚至极端行为，促进社会稳定。

年金给付制的缺点表现在：①管理工作量大。年金给付不仅要按固定间隔，向被保障者提供持续、长期的资金给付，还要根据账户基金投资运营情况，不断更新每一个被保障人的账户资金，管理部门的工作量相当大。②管理成本高。年金支付前，资金会形成长时间积累，为了保证待遇水平不下降，需要对账户资金进行投资运营，以保值增值，同时还要防范人为过失造成的资金流失。即使资金开始支付，账户中的余额资金仍需要进行有效的投资运营和管理。通过市场信托投资，需要支付巨额管理费用。③管理难度大。除了账户资金安全性管理之外，年金资金筹集与待遇给付时，还要进行长期预期，确定合理的费（税）率，使筹得的资金能够保证未来的给付。年金积累周期往往比较长，例如，养老基金的积累可能是一个劳动力一生的工作年限，期限长会使不确定因素增多，加大了管理难度。如果费（税）率不合适，影响了待遇给付水平，必要时还得财政出资，加大财政负担，长时间会形成巨额财政赤字。

（二）一次性给付制

一次性给付制是在被保障人发生风险时，给予其一次性经济补偿的给付方式。一次性给付制管理相对简单，但可能会因为运营不当或不合理使用，造成资金的浪费，影响保障水平。在疾病、伤残、灾害等风险集中发生的情况下，采用一次性给付制，能使被保障人快速恢复正常生活。

一次性给付制的优点：①经办管理的成本低。一次性给付管理简单，不仅可以节省大量的管理费用，也会减轻社会保障管理部门的责任负担。一次性给付完成后，政府不再对被保障人承担任何给付责任，也不会经常面临被保障人要求提高待遇水平的压力。②被保障人能够在短期内走出困境。疾病、伤残风险发生后，被保障人需要集中支付费用，一次性给付制可以解决被保障人的短期资金不足问题，缓解被保障人及其家庭“因病（残）致贫”的困境，有利于劳动力恢复与再生产。

一次性给付制的缺点：如果被保障人使用不当，会造成保障资金的浪费或损失，致使保障水平降低甚至无法保障基本生活；即使不被浪费，被保障人有时也会因为寿命不同等因素造成实际保障水平各有差别，长寿的人晚年可能得不到有效的保障。

二、社会保障基金给付模式

社会保障基金给付模式是待遇水平确定的方式。主要有两种分类标准：一是按照待遇水平的确定依据划分，分为确定待遇制和确定缴费制；二是按照待遇水平的计发依据划分，分为普惠制和收入关联制。

（一）确定待遇制和确定缴费制

1. 确定待遇制

确定待遇制（DB）又称给付确定制，是先根据被保障人的工作年限和工资收入确定其社会保障待遇水平，再依照精算原理确定其缴费水平的给付模式。在养老保险计划中，往往是先确定参保人退休后的养老金待遇水平，再依据大数法则和精算原理，确定个人及单位缴费率。在“现收现付确定待遇”的养老保险制度内，社会保障管理部门根据当前退休者待遇总需求，测算当期在职人员及其单位的缴费率确定退休者待遇水平，实现短期横向收支平衡。在“基金确定待遇”的养老保险制度内，社会保障管理部门首先确定参保人个人未来养老金待遇水平，然后按照精算原理，确定个人工作期内的缴费率，实现远期纵向收支平衡。

2. 确定缴费制

确定缴费制（DC）是预先确定缴费水平，按照筹集的资金及其投资收益的积累额确定待遇水平的给付模式。在养老保险计划中，往往是先确定缴费水平，参保人按期缴费并进行基金积累，在退休时按照账户上的基金及其投资收益的积累额发放养老金。在“基金制确定缴费”的养老保险制度内，参保人各期缴费额或缴费比例确定，根据退休期账户基金和投资收益形成的资金总供给，由社会保障管理部门定期发放养老金，实现个人生命周期内的长期纵向收支平衡。

（二）普惠制与收入关联制

1. 普惠制

普惠制（fatate）是按照统一标准发放社会保障待遇的给付模式。待遇计发不考虑受益人的工作年限和工资水平，也不考虑受益人之间的需求差异，对符合条件的受益人提供均等的待遇。

2. 收入关联制

收入关联制（earning-related）是按照受益人在职工资的一定比例发放社会保障待遇的给付模式。待遇计发往往考虑受益人的工作年限和工资水平，工作时间越长，工资水平越高，享受的待遇给付水平越高，受益人的待遇有个体差异。

第五节　社会保障基金的监管

社会保障基金监管是国家授权专门机构依法对社会保障基金筹资、运营和待遇支付等过程进行监督管理，以确保社会保障基金安全、稳定、高效运行的制度和规则体系的总称。其首要任务在于确保基金安全运行，保证社会保障政策最终目标的实现。社会保障基金监管的目标包括维护参保人员的合法权益，确保社会保障基金资产的安全保管，保证社会保障基金投资目标的实现以及控制社会保障基金的运行风险。

一、社会保障基金监管模式

（一）社会保障基金监督模式

1. 审慎监管

审慎监管模式被英国、美国、澳大利亚等普通法系国家广泛采用。审慎监管模式要求基金资产管理者履行“审慎人原则”。所谓审慎人原则，指基金资产管理者“应像一个审慎、细心而富有智慧的人在同样情况下管理他们自己的基金时一样，采取应有的判断，考虑资本可能的收益和存在的风险”。审慎监管模式强调资产管理者的受托责任，要求其行为必须以受益人的利益为投资行为准则，以为计划受益人提供收益并据此收取合理的管理费为唯一目的。

2. 限量监管

限量监管的特点是监管部门对社会保障基金的投资组合做出比例或数量上的限制，比较常见的有：①规定银行存款或政府债券等低风险产品投资的下限，或股票等高风险投资的上限，来控制投资组合的风险。②规定货币市场类产品投资的下限，或房地产等流动性较差的投资产品的投资上限，来控制社会保障基金的流动性风险。③规定债券类投资的评级，来控制债券投资的信用风险。④规定单一产品或对象投资比例的上限，促使社会保障基金投资组合的分散化。⑤规定海外资产投资比例上限，来控制社会保障基金的汇率风险。⑥对衍生品投资进行限制，以确保社会保障基金投资衍生品的目的仅在于实现套期保值，而不是通过杠杆谋取高回报。⑦在补充保障基金如企业年金基金中，各国往往还限定了自我投资比例，防止关联方交易。

（二）社会保障基金管理模式

社会保障基金管理存在两种主要的模式，即政府集中管理和私营分散管理。在现收现付制下，社会保障基金通常是由政府统一管理的；但在积累制下，既有采用政府集中管理的，也有采用私营分散管理的。

1. 政府集中管理

政府集中管理是指社会保障基金由政府部门统一筹资，集中起来进行投资，并按统一方法和标准支付待遇的管理方式。采用这种典型的管理方式的国家是新加坡、马来西亚等。

2. 私营分散管理

私营分散管理是指由竞争性、营利性的私营基金管理机构来管理社会保障基金的模式。采用这种典型的管理方式的国家是智利、澳大利亚等。

政府集中管理和私营分散管理各有优势，也各有不足。各国较普遍的做法是社会保障基金采用政府集中管理方式，而补充保障则采用私营分散管理方式。

二、社会保障基金监管的主要内容

（一）社会保障基金缴费管理

社会保障基金管理首先要按照社会保障制度确定的缴费责任进行缴费管理。缴费管理包括以下四项内容：①社会保险登记。②征收社会保险费，一般地，无论采取征税形式，还是采取征费形式都是由政府强制征收。经过精算确定费（税）率，由相关部门进行征收。③检查少缴、拖欠社会保险费的情况并做出相应处罚。④调整缴费比例。根据基金收支情况对社会保障费率进行调整，以保持基金的收支平衡。

（二）社会保障基金财务管理

社会保障基金财务管理的内容主要包括五个方面：①社会保障基金的收入，即社会保险费征缴的财务管理；②社会保障基金的支付，即社会保险费的发放管理；③社会保障基金的存储管理；④社会保障基金的统筹管理，主要是不同地区之间、上下级之间资金的调转引起的财务管理活动；⑤经办机构的管理。

1. 社会保障基金管理部门的财务关系

在我国，基本的社会保险费由社会保险经办机构征收（部分地区由税务部门代收），在财政部门设立财政专户，实行专款专用。社会保险经办机构向用人单位和个人征收社会保险费，并将资金存入财政专户。需要支付时，由社会保险经办机构制订支付计划，经主管的劳动部门审批后，由财政专户划拨款项，向参保人支付社会保险金。社会保险经办机构还要处理人员调动造成的社会保险费在不同地区间的调转，以及上级下拨、下级上解的资金。

2. 社会保障基金的现金收支管理

社会保障基金的现金收支管理遵循“收支两条线”原则，由社会保险经办机构在银行开设两个账户，一个是收入户，另一个是支出户。另外，由于社会保险经办机构与财政部门有现金往来，财政部门还要单独在银行开设一个社会保障基金的财政专户。

社会保险经办机构的收入户遵循“只收不支”的原则。收入户的作用是：暂存由社会保险经办机构征缴的社会保险费；暂存由下级上解的社会保障资金；暂存由上级下拨的社会保障资金；暂存社会保险费的滞纳金收入；暂存财政补助收入；暂存其他收入。

社会保险经办机构的支出户遵循“只支不收”的原则，其资金来源是财政专户拨入金。支出户的作用是：接受从财政专户拨入的资金；暂存一到两个月的社会保险周转金；暂存社会保障基金的银行存款利息；支付社会保障待遇；支付相关的管理费用；向上级上解或向下级下拨社会保险资金。

财政部门的财政专户的现金管理有收有支。收入户主要是接收社会保障基金收入户向财政专户的划款，以及接收社会保障基金购买国债到期的本金、利息及存在银行的存款利息。财政专户的支出户主要是向社会保险经办机构划拨社会保险资金和购买国债的资金。

（三）社会保障基金预算管理

社会保障基金预算管理是指根据国家的法律法规要求，在全面考虑影响基金收支的因素的基础上，按规定的项目和标准，真实、可靠地编制社会保障基金预算的过程。编制收入预算时要充分考虑的因素有：职工人数和工资总额的变化、征缴范围的变化、基金投资收益率的变化等。编制支出预算时要考虑：享受社会保障待遇的人数的变化、工资水平及居民生活水平的变化等。

三、我国社会保障基金的监督与管理

除补充保障基金采用私营分散管理方式外，我国对全国社会保障基金和地方管理的社会保险基金均采用政府集中管理方式。

（一）对全国社保基金的监督与管理

我国对全国社保基金的监督和管理包括财务信息管理、投资监管等方面，主要监管制度体现在2001年颁布的《全国社会保障基金投资管理暂行办法》、2006年颁布的《全国社会保障基金境外投资管理暂行规定》以及2010年颁布的《中华人民共和国社会保险法》等法律法规中。

1. 财务信息监管

《中华人民共和国社会保险法》第七十一条规定：“全国社会保障基金应当定期向社会公布收支、管理和投资运营的情况。国务院财政部门、社会保险行政部门、审计机关对全国社会保障基金的收支、管理和投资运营情况实施监督。”《全国社会保障基金投资管理暂行办法》规定，社保基金理事会应当履行的职责包括：对社保基金的投资运作和托管情况进行检查，负责社保基金的财务管理与会计核算，编制定期财务会计报表，起草财务会计报告，以及定期向社会公布社保基金资产、收益、现金流量等财务状况。自成立以来，社保基金理事会每年发布经会计师事务所审计的《全国社会保障基金年度报告》，报告内容涵盖了社保基金理事会的概况、治理结构、基金运作基本情况以及基金的财务数据，其中财务数据又包含了资产负债表、收益表、现金流量表和权益增减变动表以及上述财务报表的附注解释。

2. 投资监管

2001年颁布的《全国社会保障基金投资管理暂行办法》明确了对全国社保基金投资范围和投资比例的限制。根据该办法，全国社保基金可以投资银行存款、国债、投资级以上企业债和金融债以及上市流通的证券投资基金、股票等金融产品。2006 年颁布的《全国社会保障基金境外投资管理暂行规定》明确，全国社保基金境外投资范围包括银行存款、外国政府债券、国际金融组织债券、外国机构债券和外国公司债券、中国政府或者企业在境外发行的债券、银行票据、大额可转让存单等货币市场产品、股票、基金、掉期、远期等衍生金融工具。

（二）对地方性社会保障基金的监督与管理

由于我国地方管理的社会保障基金目前仅能投资于国债和银行存款，因此对地方性社保基金的监管主要发生在预算管理、决算管理、行政监督管理和财务会计管理等方面。

1. 基金预算管理

社会保障基金预算管理是指在一定时期内，社会保障基金管理机构为实施社会保障计划和任务，制定社会保障基金收入和支出等财务活动需要实现的预期目标的一系列管理活动，是保障社会保障基金各项活动有计划、有步骤地顺利进行的基础。社会保障基金的预算管理包括：

第一，社会保障基金预算的编制。涵盖了基金收入预算和支出预算。

第二，社会保障基金预算的审批。社会保障基金预算草案编制完成后，要经人力资源和社会保障部门审核，在审核无误后进行汇总，并将汇总预算报同级财政部门审核，财政部门审核后再报请同级人民政府批准，同级人民政府批准后报上级财政部门以及人力资源和社会保障部门备案，财政部门以正式文件形式将预算批复下达给社会保障基金管理机构，遵照预算执行。

第三，社会保障基金预算执行。社会保障基金管理机构要定期对预算的执行情况进行分析、检查，定期向监管部门汇报基金预算执行情况。

2. 基金决算管理

社会保障基金决算管理，是社会保障基金管理机构对全年社会保障基金各项财务活动进行总结、清理、核算等一系列管理活动，也是下年度社会保障基金预算管理的基础。社会保障基金决算的目的在于确认基金管理是否实现了预算中制定的目标，因此一定要保证决算能够反映基金真实的运行状况，并和年初预算进行对比，揭示基金管理中存在的问题和可改进的地方。

3. 财务会计管理

我国社会保障基金的会计科目设置、账户设置、收支管理均采用了分类管理的方式。由于各项社会保障项目具有各自的目标受益群体，分类管理方式杜绝了不同目标受益群体间收入转移可能造成的不公平现象，也有利于基金财务会计管理的透明化。

4. 行政监督管理

为了保障社会保险基金的安全，规范和加强社会保险基金监督，各级人力资源与社会保障部门须对社会保险基金收入户、社会保险基金支出户、社会保障基金财政专户以及其他与社会保险基金有关的账户收支和结余情况进行监督。

四、我国社会保障基金监管的主要问题

（一）基金监管不严

社会保障基金的监管是由司法、行政机关依法对社会保障基金管理部门的基金运行过程的监督。但事实上，司法和行政机关由于缺乏法律依据，监管力度有限，对一些征缴困难及基金流失的问题难以采取强制性措施。如基金收缴率下降，各地欠缴、拒缴现象难以得到有效遏制；由于政事不分等，已收缴的基金被挪用的事件时有发生。

（二）统筹层次过低

提高统筹层次的困难，主要在于经济较发达地区担心实现统筹之后，本地居民养老保险待遇水平会降低，不愿将盈余资金上解。由于统筹层次低，社会保障基金的互济功能被大大削弱。一些贫困地区或老城市统筹层次低，无法调剂资金，致基金缺口扩大。在人口老龄化压力下，这些地区不得不提高缴费率，使企业负担加重。

（三）缴费率过高

一方面，长期以来，劳动力收入未被全部以工资形式表现出来，劳动力收入中相当一部分，甚至大部分以企业福利方式隐藏起来；另一方面，现有的分部门建立和管理基金的体制，不仅分散了资金，而且使各项基金难以实现综合平衡和统筹规划，加大了管理成本。这些因素都提高了基金的实际缴费率。

思考题：

1. 社会保障基金运营管理方式有哪些？
2. 社会保障基金有哪些筹资方式？
3. 社会保障基金投资的原则、方向及目标分别是什么？
4. 社会保障基金的给付模式有哪些？
5. 社会保障基金监管的主要内容有哪些？

第四章 养老保险

第一节 养老保险概述

一、养老保险的定义及特征

本节讨论的养老保险主要指社会养老保险，指的是国家通过立法强制征收社会保险费（税），以形成社会养老保险基金，帮助老年人解除养老后顾之忧，为老年人尤其是劳动者退出劳动岗位后提供相应收入保障的一种社会保险制度。

养老保险作为世界各国较为普遍实行的一种社会保险制度，一般具有以下几个特征：

第一，强制性。多数国家通过立法，强制用人单位和劳动者个人必须依法参加养老保险，履行法律责任，缴纳养老保险费，待劳动者达到法定退休年龄时，可向社会保险部门领取基本养老金，享受基本养老保险待遇，保障退休以后的基本生活。

第二，互济性。养老保险费用一般由国家、企事业单位、个人三方共同负担，并在较高的层次上和较大的范围内实现养老保险费用的社会统筹和互济。

第三，普遍性。养老问题既是社会问题，又是一个全球性问题，关系到一个国家或社会的经济、文明发展，需要我们予以足够的重视。由于养老保险的实施范围很广，被保险人享受待遇的时间较长，费用收支规模庞大，必须由政府设立专门机构，在全社会统一立法、统一规则、统一管理和统一组织实施。

二、养老保险的功能

养老保险作为社会保障体系的重要组成部分，不仅可以起到促进社会稳定和经济发展的作用，还有助于调节社会收入的再分配。

（一）有利于保证劳动力再生产

养老保险制度的建立，保障了劳动者退休后的基本生活来源，有助于年老者退出劳动力市场，年轻劳动力进入工作岗位，实现劳动力群体的正常代际更替，保证就业结构的合理化。

（二）有利于社会的安全稳定

随着老龄化社会的到来，老年人口比例越来越大，养老保险基金为受益人提供了基本生活保障，意味着保障了社会相当部分人口的基本生活，对老年人的心态和家庭养老负担的减轻带来了积极影响，而公民个人及其家庭生活安定是整个社会稳定的基础。

对于在职劳动者来说，参加养老保险意味着对未来年老生活有了预期，有助于减轻劳动者的心理压力。总体而言，养老保险制度在维护社会的稳定方面起到了举足轻重的作用。

（三）有利于促进经济的发展

一是，各国设计养老保险制度多将公平与效率挂钩，尤其是部分积累和完全积累的养老金筹集模式。劳动者退休后领取养老金的数额，与其在职劳动期间的工资收入、缴费多少有直接的联系，这无疑会激励劳动者在职期间积极劳动，提高效率。

二是，养老保险制度的建立解决了老年人养老的后顾之忧，显著改善了人们的未来消费预期，劳动者愿意将原本打算储存起来以应对年老风险的资金投入到即期消费中，对经济增长起到拉动作用，可以增强经济增长的内生动力。

三是，许多国家都把养老基金作为促进经济增长和稳定国内资本市场的重要力量。比如把大量的养老保险结余资金直接投入到国家经济建设和扶持国有重点企业改革等方面，成为促进经济增长的一支重要力量。

（四）有利于收入再分配

养老保险再分配包括三个基本方面：一是强制性地在个人生命周期的不同阶段进行收入再分配，主要是强制性地要求有储蓄能力的人在年轻时为老年期进行储蓄。二是在不同收入水平的个人之间进行再分配，主要是通过向高收入者征税或收费来为低收入者进入老年期后的基本生活提供保障。三是代与代之间的再分配，主要是指由处于工作期的年轻人承担已退休老年人的养老责任。

第二节 中国城镇职工基本养老保险制度

我国实行的基本养老保险制度在改革以前主要以城镇劳动者为对象，采用的是国家保险型养老保险模式。20 世纪 80 年代实行养老保险制度改革之后，形成了由政府主导的社会统筹与个人账户相结合的城镇职工基本养老保险制度。经过几十年不断的探索与完善，养老保险覆盖的范围逐渐扩大，针对不同的主体形成了不同的养老保险类型，最终形成了包括城镇职工和城乡居民基本养老保险两大制度平台在内的基本养老保险体系。

一、中国城镇职工基本养老保险制度的发展历程

中国城镇职工养老保险制度发展至今，已有 70 年的历史，并且随着我国经济体制

的转型和社会环境的变化，该制度也在不断地进行改革和调整。

（一）形成与初步发展期

1951 年，政务院颁布的《中华人民共和国劳动保险条例》（以下简称《劳动保险条例》）标志着全国统一的城镇职工基本养老保险制度的建立。该条例规定了企业职工的养老保险费用由企业负担，职工个人不缴费。该制度针对的主要是 100 人以上的国营、公私合营、私营和合作社（集体经济组织）经营的工厂、矿场及其附属单位等业务管理机关。

1953 年对《劳动保险条例》进行修订。修订后养老保险的范围扩大到所有的工厂、交通事业的基本建设单位、国营建筑单位等。1955 年国务院将养老保险的覆盖范围扩大到了国家机关和事业单位的全体工作人员。1958 年 2 月 6 日国务院全体会议第七十次会议修改通过的《国务院关于工人、职员退休处理的暂行规定》，将职工养老保险与公务员养老保险制度合并，并调整了养老金的支付标准。1966 年开始的“文化大革命”使养老保险制度受到冲击，在此之前职工的养老保险费由各级工会组织管理、实现基金统一征收、管理和调剂。但是在“文化大革命”期间管理机构被撤销，退休保险费用改在营业外列支，失去了应有的社会统筹调剂的功能，变成了“企业保险”。该状态一直维持到 1977 年。

（二）改革时期

1. 养老保险制度的恢复与重建

1978 年国务院颁布了《国务院关于工人退休、退职的暂行办法》，提高了养老金的支付标准，降低了养老金的领取门槛，标志着我国的养老保险制度开始恢复。此后城镇国营、大集体企业职工的养老保险由劳动部统一管理，并在全国逐步推行省级统筹养老金工作安排。1984 年国务院决定：集体经济组织（小集体）的养老保险，由中国人民保险公司负责管理；国家机关和事业单位的养老保险，由人事部统一管理。

2. 社会统筹制度的建立

到了 20 世纪 80 年代中期，随着计划经济体制改革，企业开始走向市场，由企业负责职工退休金的制度给企业带来沉重的负担，各界要求对养老金进行改革的呼声越来越高。于是，国家开始探索养老金社会统筹的改革试点。

1984 年首批试点在四川省自贡市、辽宁省鞍山市、江苏无锡市、江苏苏州市等地展开，主要开始对国有企业退休人员的退休费用实行社会统筹。1986 年国务院颁布了《国营企业实行劳动合同制暂行规定》等文件，规定企业按照工人工资总额的 15%缴纳养老保险费，工人按照不超过本人标准工资的 3%缴纳养老保险费。

3. 国家、企业、个人三方缴费机制的确立

1991 年，国务院颁布《国务院关于企业职工养老保险制度改革的决定》，明确建立社会统筹的基本养老保险制度，提出养老保险费用由国家、企业和个人三方共同负担，职工个人必须缴纳养老保险费。

4. “统账结合”制度模式的确立

社会统筹模式是指在一定的行政区划范围内，政府收取资金并做统一调配，按统一标准发放。个人账户模式指征缴的养老保险费计入个人账户进行完全积累，当劳动者步入老年、失去劳动能力、离开劳动力市场后，再按照个人账户积累的金额，领取

属于自己的养老金，这有助于调动个人缴费积极性。

1995 年国务院颁布《国务院关于深化企业职工养老保险制度改革的通知》，提出了企业职工养老保险制度改革的目标和原则，第一次确立了社会统筹与个人账户相结合（统账结合）的养老保险制度模式，并在一些地区开展了试点工作。

1997 年国务院在总结试点经验的基础上颁布了《国务院关于建立统一的企业职工基本养老保险制度的决定》，确定了缴费费率的统一、个人账户和养老金计发的管理办法。这个决定标志着我国新型城镇职工养老保险制度的正式确立。

《国务院关于建立统一的企业职工基本养老保险制度的决定》确定个人账户由企业和工人共同承担的缴费总比例为 11%，其中个人缴费比例不得低于本人缴费工资的 4%，1998 年起每两年提高一个百分点，直到达到本人缴费工资的 8%；企业缴费的最高限额为企业工资总额的 20%。个人缴费完全计入个人账户，单位缴费少部分计入个人账户，其余计入统筹账户。至此，我国的养老保险制度从原来的国家保险型完成了向社会统筹与个人账户相结合的、现收现付制与完全积累制相结合的新型养老保险制度的转变。

（三）养老保险制度的完善时期

2005 年发布的《国务院关于完善企业职工基本养老保险制度的决定》，强调企业缴纳工资总额的 20%，全部计入社会统筹账户；个人缴纳工资的 8%，全部计入个人账户，并强调逐步做实个人账户。社会统筹和个人账户的基金分开管理，这一政策的实质就是将统账结合“板块化”，将统账结合模式发展为普惠性的国民养老保险与差别化的个人年金的结合。

2019 年《国务院办公厅关于印发降低社会保险费率综合方案的通知》明确：为减轻企业负担、优化营商环境，自 2019 年 5 月 1 日起，降低城镇职工基本养老保险（包括企业和机关事业单位基本养老保险）单位缴费比例。各省、自治区、直辖市及新疆生产建设兵团养老保险单位缴费比例高于 16%的，可降至 16%；目前低于 16%的，要研究提出过渡办法，这也是完善社会保险制度的重要举措。

（四）养老保险制度发展的特点

20 世纪 70 年代末，传统的养老保险基金是在企业收入或国家财政收入中随时支付的，故无基金积累也无从谈及增值。随着人口老龄化和人们寿命的延长，资金供给出现压力。

1997 年采用的“统账结合”的模式，扩大了养老基金的来源，明确了缴费的权利和享受的义务，调动了企业和劳动者缴费的积极性，增强了互助共济的能力，企业和国家财政支付压力大大减轻。“统账结合”的模式变单位管理为社会化管理，提高了统筹层次，扩大了养老保险的社会覆盖面，养老保险涵盖的范围显著拓宽。

二、中国城镇职工基本养老保险制度的主要内容

（一）覆盖范围

根据 2005 年《国务院关于完善企业职工基本养老保险制度的决定》，我国的养老保险制度覆盖了城镇各类企业及其职工、个体工商户和灵活就业人员。

（二）缴费办法

1. 城镇职工基本养老保险缴费办法

自 2019 年 5 月 1 日起，城镇职工基本养老保险（包括企业和机关事业单位基本养老保险）单位缴费比例由 20%降至 16%，全部计入社会统筹账户（单位缴费比例依各省份经济状况差异而略有差别），个人缴费比例为 8%，全部计入个人账户。

社会保险基数简称社保基数，是指职工在一个社保年度的社会保险缴费基数。社会保障缴费基数有上限和下限之分。

职工月工资收入超过当地在岗职工月平均工资 300%以上的部分不计入缴费基数，此为缴费上限；职工月工资收入低于当地在岗职工月平均工资的 60%的，以其 60%作为缴费基数，此为缴费下限。

2. 灵活就业人员的养老保险缴费办法

随着市场经济改革的不断深入，经济结构的不断调整，我国就业结构呈现多元化的发展趋势，城镇就业人口中灵活就业人员的比重日益增大。因此，国家从 2005 年起将灵活就业人员全面纳入社会养老保险体系。个体工商户及灵活就业人员与城镇各类企业及其职工的缴费方法不同，但是计发办法相同。

《国务院办公厅关于印发降低社会保险费率综合方案的通知》（国办发〔2019〕13 号）提出个体工商户和灵活就业人员参加企业职工基本养老保险，可以在本省全口径城镇单位就业人员平均工资的 60%至 300%之间选择适当的缴费基数。本年度一经选择则无法变更。在该缴费基数上的缴费比例为 20%，其中 8%计入个人账户，12%计入统筹账户。

（三）享受资格

不管是城镇职工基本养老保险制度还是灵活就业人员养老保险制度，参保人员若要享受养老保险待遇，必须达到法定退休年龄和满足最低缴费年限。

1. 退休年龄

劳动和社会保障部 1999 年 3 月 9 日发布了《关于制止和纠正违反国家规定办理企业职工提前退休有关问题的通知》。通知指出：国家法定的企业职工退休年龄是男年满 60 周岁，女工人年满 50 周岁，女干部年满 55 周岁。从事井下、高温、高空、特别繁重体力劳动或其他有害身体健康工作的，退休年龄为男年满 55 周岁，女年满 45 周岁。因病或非因工致残，由医院证明并经劳动鉴定委员会确认完全丧失劳动能力的，退休年龄为男年满 50 周岁，女年满 45 周岁。

2. 缴费年限

城镇职工养老金分为基础养老金和个人账户养老金。领取基础养老金除达到规定的法定退休年龄外，还应累计缴费满 15 年及以上。个人缴费不满 15 年的，可以按如下规定进行：一是退休后不享受基础养老保险待遇，个人账户养老金一次性支付给本人；二是继续工作或缴费至满 15 年后按月领取养老金；三是将个人账户金额转入城乡居民养老保险，按规定享受城乡居民养老保险待遇。

（四）待遇支付

按参保对象的年龄，可以将养老金领取人划分为新人、中人和老人三种。这种划分方法是我国养老保险制度从“老制度”向“新制度”转型过程中产生的。在待遇支付上采用区别对待的办法，即“新人新办法，中人中办法，老人老办法”。

1. “新人新办法”

“新人”是指《国务院关于建立统一的企业职工基本养老保险制度的决定》实施后参加工作的参保人员，在缴费模式上完全采用的是新型的“统账结合”缴费模式。其缴费年限累计满15年的职工，退休后将按月发给基本养老金。

“新人”的基本养老金由基础养老金和个人账户养老金组成。退休时的基础养老金月标准以当地上年度在岗职工月平均工资和本人指数化月平均缴费工资的平均值为基数，缴费每满1年发给1%。个人账户养老金月标准为个人账户储存额除以计发月数，计发月数根据职工退休时城镇人口平均预期寿命、本人退休年龄、利息等因素确定。目前对于60岁退休的职工，个人账户计发月数为139。

2. “中人中办法”

“中人”是指《国务院关于建立统一的企业职工基本养老保险制度的决定》实施前参加工作、本决定实施后退休的职工，由于文件启动前其无需缴纳养老保险费用，故此前的工龄称为视同缴费年限，是对“中人”以前保险扣除的公平性的补偿。

该决定实施后，需要缴纳社会保险费用，缴纳社会保险这一段的工龄称为实际缴费年限。总工龄达到15年，达到法定退休年龄，方可退休。

由于“中人”以前个人账户的积累很少，退休后在发给基础养老金和个人账户养老金的基础上，国家会再发给过渡性养老金。各地根据自身特点制定具体的过渡办法，实行过渡期政策，按照新计发办法，养老金减少的不减发，增加的逐步增加，以保证“中人”的待遇水平不下降，且能有所提高。

3. “老人老办法”

“老人”是指《国务院关于建立统一的企业职工基本养老保险制度的决定》（全国各地启动时间有先有后，并不统一）实施前已经退休的人员。“老人”无须缴纳社会保险费用，仍按国家原有规定发给基本养老金，并随以后基本养老金调整而增加养老保险待遇。

4. 养老金调整机制

企业退休人员的养老金随着物价波动和工资水平的调整呈现出逐渐上涨的趋势，国家也会对退休金进行不定期的调整，使老年人的生活水平与社会经济的发展水平相适应，共享发展成果。

三、中国城镇职工基本养老保险制度面临的挑战

1951年至今，我国养老保险制度经历了70年的改革与发展，从国家保险型养老保险模式到国家、企业和个人三方负担的社会保险型养老保险模式，从完全的现收现付制到现在的社会统筹与个人账户相结合的“统账结合”模式，养老保险制度越来越成熟，却也面临着一些问题。

（一）养老保险基金的全国统筹

截至2017年年末，全国城镇职工基本养老保险基金结余约4.38万亿元，养老基金规模相当可观，且目前我国的城镇职工基本养老保险已基本实现省级统筹，但各省份养老保险基金的结余差距大，甚至部分省份还存在收不抵支的情况。2017年黑龙江职

工基本养老保险基金累计结余约为-486亿元，而作为劳动力人口占主导地位的广东省，职工基本养老保险基金累计结余约为9 245亿元，各省之间的养老金差距之大可见一斑。省与省之间基金不平衡的问题靠省级统筹难以解决，需要进一步提高统筹层次。

基于此，党的十九大报告中提出了“尽快实现养老保险全国统筹”的目标，并在2018年开始实施了中央调剂金制度，对各省份养老保险基金进行适度调剂，以缓解个别省份的收支压力。中央调剂金是养老保险走向全国统筹的第一步，此外还应注意各地的缴费基数、费率标准的统一，充分利用大数据等新技术手段，建立全国共享的信息数据平台，精准掌握参保人群的信息。同时应特别加强基金监管法制、机制建设，健全协同机制，破解重复监管和监管缺位并存的问题，提升监管的强制力和约束力。

（二）隐性债务

为应对即将到来的人口老龄化高峰，1997年我国决定把长期实行的现收现付养老保险制度转变为“统账结合”的部分积累制度。其中社会统筹部分沿用现收现付制，个人账户部分采取完全积累制。从现收现付制转到完全积累或部分积累，都会产生转制成本（主要指体制转换时所形成的成本）即隐性债务。

根据新制度实施前后参加工作的时限不同，我们把人员分成“新人”“中人”“老人”三类。“新人”的退休金由基础养老金和个人账户养老金构成，其养老金完全按照新制度的要求进行管理，不存在隐性债务问题。“老人”在职时工资的一部分已经以税收的形式上交国家，或者留在企业中凝结为企业的固定资产，因此其退休金由国家财政解决无可厚非。对于“中人”而言，新制度实施前已经参加工作，因此自参加工作至新的养老制度实施之前和“老人”一样以较低的工资换取退休金，自己并未缴费，也更无个人账户的积累，因此国家就必须担负起充实个人账户的责任，这部分责任即为养老保险制度转型过程中形成的转制成本（隐性债务）的问题。

（三）个人账户空账

解决隐性债务的途径，一是由财政承担，二是增加企业缴费、逐步消化。我们在两难中选择了后者，使企业面临既为在职职工预筹积累养老保险基金，又为老职工承担养老费用的“双重负担”。为了适当减轻企业的“双重负担”，在新制度起步阶段，绝大部分地区都采取了对个人账户“空账”运作的办法，利用统筹基金与个人账户基金的混合管理，向个人账户透支，希望通过适当提高企业缴费率，再逐步补实个人账户。但新制度实施几年来，由于种种原因，个人账户不仅没能逐步补实，近年还出现了养老金当年收不抵支的情况，个人账户养老金“空账”问题已不容忽视。

隐性债务的资金缺口严重威胁着新制度的巩固，统账结合的新制度由于个人账户积累基金难以到位，正面临向现收现付的旧制度蜕变的危险。而一旦旧体制复归，将难以抵御退休高峰期养老保险金支付危机。可以说，隐性债务是制约养老保险制度健康发展的“瓶颈”，进而影响到企业改革和社会稳定，是当前中国社会保障制度改革面临的重大问题。

（四）养老保险基金保值增值问题

截至2017年年末，全国职工基本养老保险基金累计结余约4.38万亿元。巨大的资金管理工作纷繁复杂，尤其是在制度和法律不健全的情况下，基金的管理和运行很容易出现问题。国家明确规定基本养老保险实行收支两条线的管理，保证专款专用，养老保险基金不能挪作他用和挥霍浪费。基金的结余在运用过程中要建立健全监督机制，财政、审计部门要依法加强监督，确保基金安全。但是近几年养老保险基金的投资收益率不高，且实际执行过程中违纪违规的事件时有发生。因此如何规范养老保险基金的管理制度，完善投资渠道，最终实现基金的保值增值已成为全社会关注的难题。

第三节　中国养老金制度的“并轨”

一、养老金的“双轨制”

养老金的“双轨制”，是指不同用工性质的人员采取不同的养老金制度。新中国成立至改革开放前期，退休政策实行的是“一轨制”，皆为国家保险型模式。“双轨制”始于1997年，国家率先对企业养老制度进行社会保障改革，实行以企业和个人共同承担为内核的“统账结合”模式。机关和事业单位未列入改革范围，依旧由国家财政完全拨付，仍为国家保险模式。这就形成了在养老制度上，企业和机关事业单位两种截然不同的“双轨”模式。

从此，在企业，退休金按照其交纳的养老保险费以及当年的社会平均工资等因素计发；而机关和事业单位，则依据其工龄和退休前的工资等因素计发。

（一）养老金“双轨制”存在的问题

1. 养老金“双轨制”不利于社会公平

“双轨制”时期，国家机关和事业单位员工不缴费，领取的养老金数额由退休前的基础工资和工龄工资、职务工资和级别工资决定。总体而言，机关事业单位养老金总替代率一般可以达到70%~90%，甚至一些特殊行业可以达到100%。

与此同时，企业则采用“统账结合”模式，企业按职工工资总额的20%，职工个人按其工资的8%缴纳养老保险，退休金的多少仅与其缴费基数与缴费年限有关，且养老金替代率为40%~60%，远低于机关事业单位的水平。企业及其职工缴纳社会保险费，退休金却处于相对偏低的水平，这显然是有违社会公平正义原则的。因此，自从养老金“双轨制”形成以来，社会上关于是否废除“双轨制”的争论一直存在。

2. 养老金“双轨制”不利于人才的优化配置

“双轨制”破坏了按劳分配的平等分配权，造成贡献相同而收入悬殊的局面。其实质不是按劳分配，而是按部门分配，按等级分配。这就导致社会人才倾向于到退休待遇较好的机关事业单位工作，出现了“千军万马过独木桥”的局面，不利于树立正确的择业观。

3. 养老金“双轨制”阻碍了人才的流动

机关事业单位和企业的养老模式是两个并行的没有联系的轨道，人才很难在其间流动，这就导致了机关事业单位的职工要么待在机关事业单位，要么为了进企业放弃以前的积累从零开始缴纳社会养老保险。这对哪一方来说都不公平。对国家和社会发展而言，如果这个问题不能解决，人才就不能各尽其用，也就不利于经济社会的发展。

二、养老金“双轨制”向“一轨制”转变

对于养老金“双轨制”的形成，我们应看到，机关事业单位工作人员是一个特殊的群体，对国家的运行和社会稳定具有特殊的意义，其职业特点、价值取向和薪酬制度与其他职业有着显著不同。机关事业单位的薪酬制度在很大程度上采用的是计划经济时期“低工资、高福利”的模式，这种模式虽然退休后的养老金水平高，但是在职时工资却被低估。因此调整养老金的待遇与制度模式，应联动调整工资水平，不应单纯以降低养老待遇为目的，这样才能真正体现公平。

2015 年 1 月，国务院颁布了《国务院关于机关事业单位工作人员养老保险制度改革的决定》(国发〔2015〕2 号，以下简称“2 号文件”)，决定自 2014 年 10 月 1 日起，将全国机关事业单位工作人员的退休保障制度改革为社会化的养老保险制度。这项改革的基本政策主要如下：

（一）实施范围、缴费标准与计发办法

该政策适用于按照公务员法管理的单位、参照公务员法管理的机关（单位）、事业单位及其编制内的工作人员。

缴费标准参照城镇职工基本养老保险制度实施。

改革养老金计发办法。改革之后参加工作的人员（“新人”），与城镇职工“新人”的养老金计发办法相同：个人缴费年限累计满 15 年，退休后按月发给基础养老金和个人账户养老金。改革前参加工作、改革后退休且缴费年限（含视同缴费年限，下同）累计满 15 年的人员（“中人”），在发给基础养老金和个人账户养老金的基础上，再依据视同缴费年限长短发给过渡性养老金。改革后达到退休年龄但个人缴费年限累计不满 15 年的人员，其基本养老保险关系处理和基本养老金计发比照《实施〈中华人民共和国社会保险法〉若干规定》执行。文件实施前已经退休的人员（“老人”）继续执行国家规定的原待遇标准不变，并执行统一待遇调整办法。

（二）基金管理

建立健全基本养老保险基金省级统筹；暂不具备条件的，可先实行省级基金调剂制度，明确各级人民政府征收、管理和支付的责任。机关事业单位基本养老保险基金单独建账，与企业职工基本养老保险基金分别管理使用。基金实行严格的预算管理，纳入社会保障基金财政专户，实行收支两条线管理，专款专用。依法加强基金监管，确保基金安全。

（三）养老保险关系转移接续

参保人员在同一统筹范围内的机关事业单位之间流动，只转移养老保险关系，不转移基金。参保人员跨统筹范围流动或在机关事业单位与企业之间流动，在转移养老保险关系的同时，基本养老保险个人账户储存额随同转移，并以本人改革后各年度实际缴费工资为基数，按 12%的总和转移基金，参保缴费不足 1 年的，按实际缴费月数计算转移基金。转移后基本养老保险缴费年限（含视同缴费年限）、个人账户储存额累计计算。

（四）职业年金

机关事业单位在参加基本养老保险的基础上，应当为其工作人员建立职业年金。

单位按本单位工资总额的8%缴费，个人按本人缴费工资的4%缴费。工作人员退休后，按月领取职业年金待遇。职业年金的具体办法由人力资源和社会保障部、财政部制定。职业年金不同于企业年金之处在于它是强制实施的制度，而企业年金遵循的是自愿建制的原则。

在2号文件当中还规定了机关事业单位职工的基本养老金调整情况，经办管理情况等。总体而言，机关事业单位的养老保险制度的改革补齐了“非社会化”制度的短板，使我国基本社会养老保险制度覆盖到全部法定人群成为现实，实现了企业和机关事业单位养老金在“统账结合”模式上建立起来的制度结构、筹资标准、待遇确定办法和调整机制的完全统一，2号文件的发布应当是中国社会保障史上值得记忆的历史时刻。

第四节　中国居民基本养老保险制度

一、中国农村的养老保险制度

中国农民的养老以土地、家庭保障为主，仍然依靠传统的“养儿防老”。但是，随着农村经济改革的深入，社会主义市场经济的快速发展和不断完善，农民外出择业的机会越来越多，大批农民进城打工或经商，加上计划生育基本国策的深入贯彻，总体上来看家庭越来越核心化，农村传统的家庭养老保障和土地保障的功能越来越弱。根据世界许多国家的实践经验，解决养老问题主要应靠社会保险。我国为了解决农民的养老问题，从20世纪80年代末90年代初就开始在农村探索建立社会养老保险制度。

（一）老农保

农村养老保险制度，是指以农村非城镇户籍的居民为保险对象的养老保险制度（也称老农保，是相对于新型农村养老保险制度而言的）。1986年国家“七五”计划首次提出：“探索研究建立农村社会保险制度，并根据各地经济发展情况，进行试点，逐步推行。”

1992年发布的《县级农村社会养老保险的基本方案（试行）》是个系统性的文件，明确了农保的基本政策：保险对象包括非城镇户、不由国家供应商品粮的农村人口；资金筹集以农民个人缴纳为主（月标准从2元到20元分为10个档次）、集体补助为辅，国家给予政策支持；建立个人账户，个人缴费和集体补助计入个人账户，实行完全积累制；农民达到一定年龄（一般为60周岁）时，可以领取养老金，养老金数额根据个人账户积累和平均预期寿命来确定。

老农保采取自愿参保、储蓄积累模式，养老基金主要依靠农民个人缴纳，财政没有资金投入，农民受益低微，没有吸引力，更无法从根本上解除农民的养老后顾之忧。1998年，时任国务院总理朱镕基宣布对农村社会保险实施整顿。自此，农村社会保险进入了停顿期。

（二）新农保

在1998年的国务院改革中，原来由民政部组织农村社会养老保险的工作职责移交新组建的劳动保障部，并从1999年开始进行清理整顿。几年之后，农村养老保险“休眠”状态出现了复苏转机。2002年，党的十六大在部署建立健全社会保障体系任务时提出：“有条件的地方，探索建立农村养老、医疗保险和最低生活保障制度”，此后各地不断探索农村社会养老保险的实施模式。

2008年10月，党的十七届三中全会做出推进农村改革发展若干重大问题的决定，指出：“贯彻广覆盖、保基本、多层次、可持续原则，加快健全农村社会保障体系。按照个人缴费、集体补助、政府补贴相结合的要求，建立新型农村社会养老保险制度。”这是中央第一次使用“新型农村社会养老保险制度”（简称“新农保”）的概念，以此厘清了与老农保的界限，开始统一建立新型农村社会保障制度。此后，全国各地开始自行探索并不断总结制度实施经验。

2009年9月1日，国务院发布了《关于开展新型农村社会养老保险试点的指导意见》，确定从2009年起开展新型农村社会养老保险试点。试点的任务目标是：探索建立个人缴费、集体补助、政府补贴相结合的新农保制度，实行社会统筹与个人账户相结合的新型农村养老保险制度。相较于“老农保”，“新农保”的资金筹集方式与计发方式大有不同。

从2009年到2012年的短短几年间，我国基本实现了“新农保”全面覆盖农村地区。新农保最大的特点就是引入了财政兜底的基础养老金，保障了农民基本的生存权，体现了社会保障制度的普惠性、公平性与基础性，充分彰显了中国共产党立党为公、执政为民的初心，是中国社会保障发展史上浓墨重彩的一笔，更是中国农村几千年来单纯依靠养儿防老、家庭养老模式的根本性变革。

二、中国城镇居民基本养老保险制度

中国职工养老保险和新农保的发展使得职工和农民都有了基本养老保险的制度安排，但是处于这两大群体“夹缝”中的城镇未就业居民的养老问题便凸显出来，建立城镇居民养老保险制度（以下简称“城居保”）的问题在2010年被提了出来。

2011年6月，国务院印发《关于开展城镇居民社会养老保险试点的指导意见》（以下简称《指导意见》），7月1日启动试点工作，标志着我国城镇居民社会养老保险制度正式建立。到2012年基本实现城居保的全覆盖，此制度填补了最后一项养老保险制度的空白。

《指导意见》规定，年满16周岁（不含在校学生）、不符合职工基本养老保险参保条件的城镇非从业居民，可以在户籍地自愿参加城居保。城居保的保险基金主要由个人缴费和政府补贴构成，鼓励其他经济组织、社会组织和个人为参保人缴费提供资助。

国家为每位参保人员建立终身养老保险个人账户。个人缴费、地方人民政府对参保人的缴费补贴及其他来源的缴费资助，全部记入个人账户。城镇居民养老保险制度实施时，已年满60周岁，未享受职工基本养老保险待遇以及国家规定的其他养老待遇的，不用缴费，可按月领取基础养老金；距领取年龄不足15年的，应按年缴费，也允许补缴，累计缴费不超过15年；距领取年龄超过15年的，应按年缴费，累计缴费不少于15年。

三、中国城乡居民基本养老保险制度

（一）中国城乡居民基本养老保险制度实施的背景

在2011年组织城居保试点时，国家就已经考虑到要与新农保的基本制度和主要政策大体一致，以便为将来社会保险法推进两项制度的统一奠定基础。《指导意见》提出：有条件的地方，城居保应与新农保合并实施；其他地方应积极创造条件将两项制度合并实施。在试点过程中，各地积极探索，勇于创新，在2012年年底就有10个省份统一实施了城乡居民基本养老保险制度。

整合城乡居民基本养老保险的工作不断推进。2014年2月，国务院印发了《关于建立统一的城乡居民基本养老保险制度的意见》（国发〔2014〕8号，以下简称“8号文件”），决定在实现新农保和城居保制度全覆盖基础上，依照社会保险法的要求，将两项制度合并实施，在全国范围内建立统一的城乡居民基本养老保险制度。8号文件在基本框架上延续了新农保、城居保的规定，在此基础上对制度进行了完善。8号文件自2014年7月1日起开始实施，国务院规定在“十二五”末期，在全国基本实现新农保和城居保制度的合并实施，并与职工基本养老保险制度相衔接；2020年前全面建成公平、统一、规范的城乡居民养老保险制度，更好地保障城乡居民的老年基本生活。

中国是老年人口最多的国家，人口老龄化呈现逐步加速趋势。建立统一的城乡居民基本养老保险制度，为全面实施全民参保计划，完善城镇职工基本养老保险制度和城乡居民基本养老保险制度，尽快实现养老保险全国统筹奠定了基础。使全体人民公平地享有基本养老保障，是中国经济社会发展的必然要求。

（二）城乡居民基本养老保险制度实施的意义

第一，城居保和新农保的合并，是我国首次在福利方面消除城乡差别，促进了城乡融合，也有助于推动城镇化。城乡之间的制度公平性进一步彰显，还使原来职工基本养老保险、新农保、城居保三项制度的体系结构简化为职工和城乡居民两大基本养老保险制度模块，在解决被社会诟病的制度“碎片化”矛盾方面迈进了一大步。

第二，地区发展不均衡、城乡差距仍然较大是阻碍城镇化进程的关键因素。中国社科院发布的2014年《社会蓝皮书》显示，2012年，我国城镇居民社会养老保险和新型农村社会养老保险的参保率分别呈现上升趋势。但是，城镇职工人均养老金水平已经达到2.09万元，而新农保只有859.15元，两者相差24倍之多。合并城居保和新农保是建立我国职工和居民统一的基本养老保险制度的关键。

第三，城乡居民养老保险的统一，不仅让亿万老年人能够老有所依、生活无忧，更增强了全社会的安全感和凝聚力。此外，它还有利于促进人口纵向流动，拉动消费，鼓励创新创业。

（三）城乡居民养老保险制度的主要内容

1. 覆盖对象与缴费办法

年满16周岁（不含在校学生），非国家机关和事业单位工作人员及不属于职工基本养老保险制度覆盖范围的城乡居民，可以在户籍地参加城乡居民养老保险。

8号文件规定，城乡居民养老保险基金仍由个人缴费、集体补助、政府补贴构成。坚持遵循自选原则基础上分档缴费。个人缴费与集体补助和政府补贴仍放入个人账户。

与合并之前相比缴费档次增多，政府补贴力度加大。

8 号文件将缴费标准设为每年 100 元、200 元、300 元、400 元、500 元、600 元、700 元、800 元、900 元、1000 元、1500 元、2000 元 12 个档次，省（区、市）人民政府可以根据实际情况增设缴费档次，最高缴费档次标准原则上不超过当地灵活就业人员参加职工基本养老保险的年缴费额，并报人力资源和社会保障部备案。参保人自主选择档次缴费，多缴多得。目前多个省份在此基础上对本省的缴费档次做了调整。地方人民政府应当对参保人缴费给予补贴，一般缴费标准越高补贴越多，增加居民多缴的积极性。

2. 享受资格与待遇支付

（1）享受资格

参加城乡居民养老保险的个人，年满60 周岁、累计缴费满 15 年，且未领取国家规定的基本养老保障待遇的，可以按月领取城乡居民养老保险待遇。距离领取年龄不足 15 年的应当按年缴费，也允许补缴，累计缴费不超过 15 年；距离领取年龄超过 15 年的，应按年缴费，累计缴费不少于 15 年。

8 号文件增加了丧葬待遇选项，即待遇领取人员死亡的，有条件的地区可以结合本地实际探索建立丧葬补助金制度。

（2）待遇支付

新农保、城居保均规定，养老金待遇由基础养老金和个人账户养老金构成，终身支付。中央确定的基础养老金标准为每人每月 55 元。地方人民政府可以根据实际情况提高基础养老金标准，对于长期缴费的城镇居民，可适当加发基础养老金，提高和加发部分的资金由地方人民政府支出。个人账户养老金的月计发标准为个人账户储存额除以 139。参保人员死亡，个人账户中的资金余额，除政府补贴外，可以依法继承；政府补贴余额用于继续支付其他参保人的养老金。

城乡居民养老保险在延续上述标准的基础上，综合经济发展和物价变动等情况调整基础养老金的最低标准。2014 年 7 月 1 日起，全国城乡居民养老保险基础养老金最低标准提升至 70 元/月/人；2018 年 1 月 1 日起基础养老金最低标准提升至 88 元/月/人。中央财政对于中西部地区的养老金给予全额补贴，对东部地区给予 50%的补贴。在实际的政策执行中，各地区根据自己的财政状况和社会经济发展状况，基本上均提高了基础养老金的额度。

3. 基金管理和运营

将新农保基金和城居保基金合并为城乡居民养老保险基金，须完善城乡居民养老保险基金财务会计制度和各项业务管理规章制度。城乡居民养老保险基金纳入社会保障基金财政专户，实行收支两条线管理，单独记账、独立核算，任何地区、部门、单位和个人均不得挤占挪用、虚报冒领。各地要在整合城乡居民养老保险制度的基础上，逐步推进城乡居民养老保险基金省级管理。城乡居民养老保险基金按照国家统一规定投资运营，实现保值增值。同时 8 号文件还对基金的监督、信息系统建设以及政策宣传等提出了一些要求。

第五节 中国补充性养老保障制度

人口老龄化是社会发展的趋势，是人类文明进步的体现，也是今后较长一段时期我国的基本国情。我国自20世纪末进入老龄化社会以来，老年人口数量和占总人口的比重持续增长。《中国发展报告2020：中国人口老龄化的发展趋势和政策》指出：中国老年人口基数庞大，增长速度快。2000—2019年65岁及以上人口占比从7%上升至12.6%。第七次全国人口普查公报数据显示，我国65岁及以上人口占比13.5%，这一比例在2035年将达到22.3%，老年人口数量将超3亿。

在人口老龄化的背景下，单纯地依靠政府负担的养老保险制度难以维持，建立多支柱的养老保障体系是全球养老保障制度改革的普遍做法。多支柱即国家、企业和个人共同参与构建养老保障体系，我国正在构建的“多层次”养老保障体系中，以基本养老保险为第一支柱，企业年金与职业年金为第二支柱，商业养老保险为第三支柱。另外，全国社会保障基金作为一项储备基金对于应对人口老龄化亦起到了至关重要的作用。

一、全国社会保障基金

由于人口老龄化和1997年养老保险制度改革带来的转轨成本的影响，缴费职工养老金的收支缺口，省级政府也难完全平衡。为了维护和提高退休职工养老保障水平，中央必须建立基本养老储备基金。

全国社会保障基金于2000年8月设立，是国家社会保障储备基金，由中央财政预算拨款、国有资本划转、基金投资收益和国务院批准的其他方式筹集的资金构成，专门用于人口老龄化高峰时期的养老保险等社会保障支出的补充、调剂，由全国社会保障基金理事会（简称“社保基金会”）负责管理运营。全国社会保障基金与地方政府管理的基本养老、基本医疗等社会保险基金是不同的基金，资金来源和运营管理不同，用途也存在区别。全国社会保障基金是中国特有的补充性的养老保障基金。

2000年12月中央财政向社保基金会拨付了第一笔200亿元款项。自建立以来全国社会保障基金一直处于积累状态，唯一一次动用为补助2008年汶川地震期间四川灾区的工伤保险。截至2019年，全国社会保障基金积累达到2.6万亿元，自建立以来该基金保持着较高的投资收益。这项制度为应对未来老龄化高峰时严峻的挑战做了更为充分的准备，届时一旦养老保险基金缺口加大、财政资金也难以完全弥补时，就可以动用这笔战略储备。

二、企业年金制度

企业年金是指企业及其职工在依法参加基本养老保险的基础上，自主建立的补充养老保险制度，对国家基本养老保险起到重要补充作用。在实行现代社会保险制度的国家中，企业年金已经成为一种普遍实行的企业补充养老金计划，并且成为各国养老保险制度的重要组成部分。

三、商业保险制度

早在 1991 年《国务院关于企业职工养老保险制度改革的决定》（国发〔1991〕33 号）就提出过把“个人储蓄性养老保险”作为基本养老保险和企业补充养老保险之后的第三个层次，但是目前来看我国的商业保障发展较为滞后。主要问题在于社会商业保险意识不强、政策支持力度不够大、消费者购买商业养老保险能力不强等。

党的十八届三中全会提出“制定实施免税、延期征税的优惠政策，加快发展企业年金、职业年金、商业保险，构建多层社会保障体系”；党的十九大再次强调了“多层次”的架构。2018 年 4 月财政部等多部门联合发文《关于开展个人税收递延型商业养老保险试点的通知》（财税〔2018〕22 号，以下简称“22 号文件”），确定自 5 月 1 日起，在上海市、福建省和苏州工业园区开展为期一年的个人税收递延型商业养老保险试点，开始了建立“第三支柱”养老金的“破冰之旅”。尽管试点中存在着税收抵扣流程烦琐、缴费模式缺乏灵活性、参保人和企业人力部门体验不佳等问题，相信通过修订与新个税法相适应的税收递延型商业养老保险政策，今后商业养老保险制度会越来越完善，在应对人口老龄化的过程中起到应有的作用。

思考题：

1. 试阐述城居保和新农保合并的意义。
2. 中国现行的养老保险制度存在哪些问题？
3. 如何更好地应对我国未来的人口老龄化？

第五章 医疗与生育保险

医疗保险和生育保险是我国社会保障制度中不可分割的两种重要险种。医疗保险是保障公民基本健康权利的社会保险。生育保险体现了生育的社会价值，对促进妇女就业公平、提高人口素质、保证社会劳动力的再生产有着重要的意义。随着我国社会保险的不断健全，长期以来分类的医疗保险与生育保险逐步合并实施。

第一节 医疗保险概述

医疗保险是为补偿人们因疾病风险造成的经济损失而建立的一项社会保险制度，是社会保险制度中最重要的险种之一，它与养老保险、工伤保险、失业保险、生育保险等共同构成现代社会保险制度。

一、医疗保险的定义和特征

医疗保险一般是指国家通过立法，强制性地筹集医疗资金，以保障人们平等地获得适当的医疗服务的一种制度。医疗保险具有社会保障制度的强制性、互济性、公平性等特征。但是疾病风险的特征和医疗保健服务需求和供给的特殊性，又使得医疗保险在实践中凸显出自己的特色。

第一，医疗保险具有普遍性的特征。医疗保险的覆盖对象应该是全体国民。疾病的风险是每个人的一生中都难以预料和避免的风险，因而其覆盖对象应该是全体国民。如养老、失业、工伤、生育风险的对象主要是部分人群或者特殊人群，因为不是每个人都会发生工伤或者失业的损失，而养老和生育保险也只是保障特定时期的风险，所以，医疗保险是社会保险体系中覆盖最广，应用最频繁的险种。

第二，医疗保险涉及面广，更具复杂性。医疗保险不仅与国家的经济发展阶段及生产力发展水平有关，还涉及医疗保健服务的需求和供给。医疗保险的主体不仅包括医疗服务机构、医保机构以及参保人，而且为了确保医疗保险基金的合理使用和正常运转，医疗保险还设计了必要的制度机制，以对医疗服务的享受者和提供者的行为进行合理引导和监督。这是其他社会保险没有的。

第三，医疗保险是一种短期性、经常性的保险。疾病的发生不分年龄、不分人群，具有随机性和突发性，一次疾病的时间通常不会太长，但是一个人一生中大大小小疾病发生的频率会很高。因此，医疗社会保险机构提供的补偿也往往是短期的、经常性的。

第四，医疗保险受益多少与缴费多少无关。医疗保险是一种医疗费用的补偿机制，它通过为参保人提供相应的医疗服务达到恢复患者健康的目的，这种费用的补偿待遇往往与缴费多少无关，而与医疗费用直接相关。疾病发生的频率以及实际需要通常决定了患者获得费用补偿的金额。

第五，医疗费用支出难以控制。通常，疾病的发生频率、严重程度以及患病后带来的医疗费用与年龄密切相关，因此老年人的医疗费用通常高于年轻人。在人口老龄化背景下医疗费用的支出便大幅增加，而且由于医疗服务信息不对称、供方主导等特点，医疗费用的控制非常困难。

二、医疗保险的产生与发展

（一）18 世纪末 19 世纪初：民间保险阶段

18 世纪末 19 世纪初，民间保险逐渐在欧洲发展起来。一开始是在某种行业或社区的基础上，由消费者自愿组织各种基金会、互助救济组织。他们共同筹集资金，以偿付医疗费，并对贫困工人提供生活补助。

（二）19 世纪末 20 世纪初：民间保险向社会保险的过渡阶段

到了 19 世纪末 20 世纪初，这种自愿的民间保险逐渐转向社会保险。1883 年，德国政府颁布了《职工疾病社会保险法》，标志着世界上第一个强制性医疗保险制度的诞生。随后，奥地利、美国、法国等国家相继通过立法实施了医疗社会保险。1922 年日本在亚洲率先通过了《健康保险法案》。1924 年，医疗保险进一步扩大到南美洲的智利、秘鲁等国。

（三）1944 年：医疗保险的基本原则确立阶段

1944 年国际劳工组织通过《医疗服务建议》，呼吁各国政府对公民实行“综合的、普遍的健康保护”，进一步明确医疗社会保险的基本原则：①医疗服务费用应该由被保险人、雇主及公共资金共同筹集；②凡收入不低于生存线的成员均应缴纳保险费；③被保险人应缴纳的最高保险费应控制在不造成其生活困难的范围内；④雇主应为其雇员缴纳一定数量的保险费；⑤政府应为生活在生存线以下者支付保险费，如此人有工作，则其保险费全部或部分由其雇主支付；⑥保险费支付以外的服务费用自付。

还有一种医疗保障的方式是建立所谓“全民卫生服务”（NHS）体制，即由政府负责向公民提供医疗服务，并主要通过国家财政来支付医疗费用。英国是典型的代表。英国于 1948 年实行了全民卫生服务体制。瑞典、芬兰、挪威、冰岛、丹麦等国实行的也是全民卫生服务体制。

美国一直保持着私人医疗保险的体制，直到 1965 年，才建立了由政府举办的老年医疗保险制度和穷人医疗救助制度。加拿大原效仿美国的私人保险，但在 1957 年通过了《医疗保险和质量服务法案》，到 1971 年引入了“全民健康保险”（NHI）制度。

（四）1945 年至今：医疗保险发展阶段

第二次世界大战结束以后，民族国家兴起，医疗保险制度在亚非拉等发展中国家也受到重视。印度（1948 年）、阿尔及利亚（1949 年）、突尼斯（1960 年）、韩国（1963 年）、古巴（1979 年）、利比亚（1980 年）、尼加拉瓜（1982 年）等国先后立法，开始建立医疗保险制度。

三、医疗保险的制度模式

由于各国的历史背景不同，医疗保险制度模式也不同。按照医疗保障对象、医疗保险基金筹集、医疗保险费用制度和就医方式、医疗保险资金等各项指标综合来看，可以将目前世界上各国的医疗保险制度分为国家医疗保险、社会医疗保险、商业医疗保险和储蓄医疗保险等模式。

（一）国家医疗保险模式

国家医疗保险模式也称为全民医疗保险模式，是指政府直接兴办医疗保险事业，通过税收形式筹集医疗保险资金，采取预算拨款给公立医疗机构的形式，向全体公民提供免费或者低收费的医疗服务的医疗保险模式。实行国家医疗保险模式的国家，政府直接参与卫生服务的提供，对服务和设备资源拥有控制权。公立医院工作的医务人员的工资由国家分配。英国、瑞典、丹麦、意大利、澳大利亚等国家实行的全民医疗保险制度均是这种模式。

国家医疗保险模式的特征是：①全民性，医疗保险的对象是全体公民；②福利性，属于免费医疗；③资金来源于税收转移，个人不缴保费；④医疗保险资金绝大部分来源于国家财政预算，国家责任大；⑤保障项目全。

（二）社会医疗保险模式

社会医疗保险模式是国家通过立法强制实施，由雇主与个人按一定比例缴纳保险费建立社会保险基金，用于劳动者个人及其家属看病就医的医疗保险模式。

主要特点是：①国家通过立法强制实施；②强调劳动者个人在医疗保险方面的责任，保险基金由国家、雇主和劳动者共同负担；③劳动者享受医疗保险的权利与医疗保险缴费义务相联系；④保险基金实行社会统筹，互助共济；⑤以“现收现付”为主，基金管理的基本原则是“以支定收、以收定付、当年收支平衡”，一般没有积累；⑥医疗保险一般由中介组织实施，政府对其实施宏观管理与监督。

该制度的优点是：①重视医疗保险中权利与义务的密切联系，有利于强化自我保障意识，体现效率原则；②可以在一定程度上实现个人收入的横向转移，体现社会公平原则。

该制度的缺点是：①以现收现付方式筹集基金，基金没有积累，无法解决医疗费用负担的“代际转移”问题；②因为主要实行第三方付费，医患双方缺乏费用意识，往往导致不合理费用的增加，医疗费用上涨过快。德国是实行这一模式的典型代表。

（三）商业医疗保险模式

商业医疗保险模式亦称私营医疗保险模式，医疗保险被视为一种特殊商品，在市场上自由买卖，买方可以是企业、团体、政府或个人，卖方则是营利性（不享受税收优惠）或非营利性（享受税收优惠）的私人医疗保险公司或民间医疗保险机构。私营医疗保险的资金主要来源于投保人及其雇主所缴纳的保险费，财政不负责补贴，缴费水平通常取决于参保时参保人的年龄、性别以及个人的健康状况，是在假定未来保费收入现值与医疗费用支出现值相等的基础上计算出来的，缴费一般较高。一般不适用于低收入阶层、老年人及体弱多病者，却能较好地满足中、高收入者高层次的医疗服务需求，但其社会公平性较差。美国是实行这一模式的典型代表。美国政府很少插手医疗服务事务，只负责私人医疗保险机构不愿意承担的人群的医疗问题，如老年人和贫困者等。

（四）储蓄医疗保险模式

储蓄医疗保险以个人责任为基础，政府要求强制性地以个人或家庭为单位建立医疗储蓄基金，并逐步积累，用以支付日后患病所需的医疗费用。政府只对弱者提供必要帮助，医疗服务则由公、私混合提供。这种医疗保险模式源于新加坡，目前只有新加坡、印度尼西亚等少数国家采用这种模式。

这种模式的特点在于公民对医疗水平要求越高，付费也越多，这样可避免过度医疗服务行为的发生，减少浪费；并且这一模式要求每个有收入的国民都要为其终生医疗需求而储蓄，以解决自身的医疗保健费用，从而避免了医疗保健费用的代际转移。但是该制度由于缺乏社会互助共济、疾病风险共担的功能，低收入人群得不到医疗保障，或者难以得到更好的医疗服务。

（五）混合医疗保险模式

混合医疗保险模式主要是指医疗保险模式可能具有多种医疗保险模式的特征，但是又不完全等同于某一主要模式。比如既有国家医疗保险模式为公民提供免费性质的医疗服务的特征，又有社会医疗保险模式、商业医疗保险模式或储蓄医疗保险模式的特征。

第二节　医疗保险基金的筹资与支付

一、医疗保险基金的筹资

（一）筹资原则

医疗保险的基金筹集是将医疗保险费集中起来，建立医疗保险基金，用于支付被保险人医疗费用的一种经济机制。医疗保险基金筹措的基本原则是“以收定制、收支平衡、略有节余”。

一般来说，多数国家医疗保险采取现收现付制，即通过以收定支，实现社会保险收入与支出在年度内的大体平衡。这种操作模式的优点在于：①费率调整灵活，易于操作；②有助于保险费随物价或收入的波动而调整，可以避免货币贬值的风险；③通过收入调节与再分配，在一定程度上有助于体现社会保险的共济性与福利性。

（二）筹资模式

医疗保险的资金主要来源于以下几个方面：①被保险人个人缴纳的保险费；②被保险人所在单位（雇主）缴纳的社会保险费；③政府资助以及其他方面的收入等。其中个人和单位缴纳的保险费是医疗保险基金的主要来源，这种资金来源稳定，缴费比例可适时调整；权利与义务相对应，社会公平性较高；具有较强的互济性。

国家作为社会政策的制定者与重要社会事务的管理者，不仅有责任组织建立医疗保险制度，还要在特殊情况下承担对医疗保险基金的补助，并承担最终的经济责任。政府补助的金额取决于国家的社会保险政策和财力状况。国家、单位和个人在医疗保险基金来源中各占多大比重，各国依自己实际情况不同而有所差异。

（三）缴费方式

医疗保险基金的缴纳有多种方式：①固定保险费金额；②与工资挂钩（工资的一定比例）；③与收入挂钩（包括工资和工资以外的全部收入的一定比例）；④按区域缴纳（按各区域卫生基本设施的条件确定几种保险费级别）。

据目前各国的情况来看，医疗保险基金通常采用的缴费方式是与工资挂钩，即采用工资税的方式。这种制度的优点在于：①考虑了每个人的支付能力，使参保人都能支付得起医疗保险费；②有利于控制医疗保险筹资与工资收入的相对水平，不至于过高或过低；③有利于建立随工资水平变化而相应调整医疗保险筹资水平的自然调整机制；④可以通过制定不同的税率进行收入的再分配，防止社会群体收入差距过大。

医疗保险缴费率（CR）的计算公式为

$$CR=\frac{\text{支付待遇}+\text{管理费}+\text{必要结余储备金}}{\text{被保险人工资总额}}$$

个人和单位可以按相同的比例缴费，也可以按不同的比例缴费。一般而言，用人单位的缴费率比个人要高。为了体现公平，多国都规定了缴费工资的上限和下限，即当工资达到下限水平时，才开始计算应缴纳的保险费；而超过上限水平时不再多收保险费。

二、医疗保险基金的支付

医疗保险系统以维持医疗保险机构的正常运转和科学管理为目的，主要由被保险人及其单位、医疗保险机构、医疗服务机构等要素组成，是集医疗费用筹集、医疗服务提供、医疗费用支付等功能的有机整体。

医疗保险的支付是指被保险人生病后，医疗保险机构作为付款人，按照事先规定的给付条件和待遇标准，代替被保险人向提供医疗服务的机构支付部分医疗费用。

（一）支付的地位与作用

费用支付是医疗保险必不可少的环节。一方面，它取代了传统的医疗体系中医疗服务和病人之间直接的交换关系（在传统的医患双边关系中，患者直接向医疗服务提供者支付费用，后由医疗服务提供者向患者提供医疗服务）；另一方面，医疗保险支付引入了第三方付费人即医疗保险机构，这样就变传统的医患双边关系为三边关系，医患之间的关系退到了次要位置，有利于缓解双方矛盾。医疗保险的出发点在于如何筹集资金确保需方的基本医疗服务，因而第三方与需求方的利益在一定程度上是统一的。由于医疗服务的特殊性，供方实际上决定了医疗服务的数量和质量，进而决定了医疗费用的高低。因此引入第三方付费方式，通过社会医疗保险机构不断改变对医院的付费方式，能够尽可能实现对于医疗费用过度上涨的控制。医疗保险支付中医、保、患三方关系（医疗保险涉及的政府、雇主等方面的关系在此未做讨论）如图 5-1 所示：

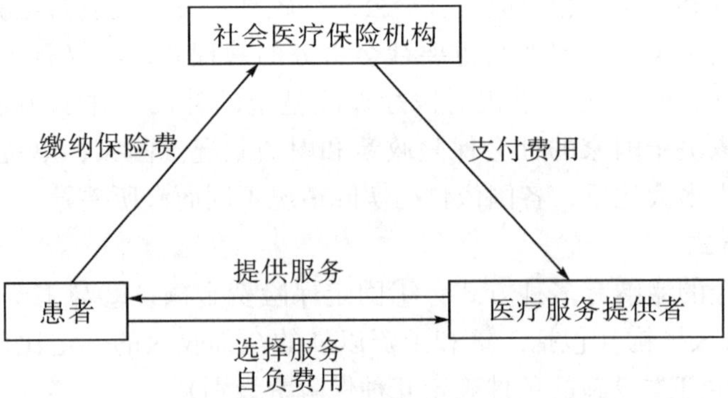

图 5-1　医、患、保三方关系

（二）第三方支付方式

医疗保险机构向医院支付医疗费用的方式有许多种，大体上可以分为“后付制”和“先付制”两种。“后付制”指的是医疗保险机构在保险期末根据医疗机构提供服务的实际情况如数支付费用，按服务项目付费即为该种形式。“先付制”指的是医疗保险机构在保险期刚开始就预先向医院等医疗服务机构支付全部费用，是一种费用包干模式，在一个周期内无论医院实际支出多少费用，都由医院承担，按人头付费、总额预算、按病种付费、定额付费制和工资制等方式均属于该模式。

1. 按服务项目付费

按服务项目付费是医疗保险中最传统、应用最广泛的支付方式，指的是医疗保险机构在保险期末按医疗服务项目和服务量向医疗机构支付费用。具体操作上，可以先由医疗单位付费后再与医疗保险机构结算；也可以先由患者垫付全部医疗费用，然后向医疗保险机构报销部分或全部。这种付费方式的优点为操作简便，但是可能会存在医疗机构过度服务导致医疗资源浪费的情况，因而医疗费用难以控制。保险机构为控制过度服务，必然高度介入以规范医院行为，管理成本高。

2. 按人头付费

按人头付费指医疗机构按合同规定的时间（如 1 年），根据接受服务的被保险人人数和规定的收费标准，预先支付医疗服务费用的支付方式。在此期间，医疗机构负责提供合同规定范围内的一切医疗服务，不再另行收费。按人头付费实际上就是一定时期、一定人数的医疗费用包干，是在没有完整、高效的管理系统前，常被社会保险采用的一种方法。

该方法简便易行，管理相对简单，管理成本较低，有助于医疗费用的控制。但是由于医疗机构的收入与被保险者就诊的人数成正比，与提供的服务多少成反比。因此为了寻求更多的利润，医生可能会以降低医疗服务质量或服务档次以谋求内在的成本节约，容易引发医患矛盾。

3. 总额预算制

总额预算制指医疗机构通过对服务地区的人口密度、人口死亡率、医院的规模、服务数量和质量、设备设施情况等因素进行综合考察和测算后，按照医院协商确定的年度预算总额支付医疗费用的方式。

这种方式的特点仍为包干制，因此会产生成本制约机制，有利于卫生资源的合理利用；但是成本节约机制导致医疗机构可能减少服务或降低服务质量。

4. 按病种付费

按病种付费的方式是根据国际疾病分类法，将住院病人按疾病分为若干组，每组又根据疾病的轻重程度及有无合并症、并发症分成若干级，同时将病人的疾病按诊断情况、年龄、性别等分为若干组，对每一组的不同级别分别制定价格标准，按照这种价格对该组某级疾病治疗的全过程进行一次性支付。即按诊断的住院病人的病种进行定额预付。

该模式的特点在于医疗保险机构支付每个住院病人的费用只与诊断的病种有关，而与每个病人实际成本无关。因此可以激励医院为获得利润主动降低成本，缩短平均住院日，控制医疗费用。其缺点在于分类系统的设置如何确保恰当，尤其是诊断界限不明时，容易诱导医生诊断升级，以获得更多费用支付；且该标准制定过程复杂，调整频繁，管理成本较高。

5. 定额付费制

定额付费又称按服务单元付费，主要指医疗保险机构将整个医疗服务过程划分为门诊人次、住院人次、住院床日等单元，根据历史资料和各种因素制定出平均服务单元费用标准，然后根据医疗机构的服务单元进行费用支付。其特点在于，对同一医院所有病人的每次住院或每次门诊支付相同的、固定的费用，与每个病人每日或每次治疗的实际花费无关。

该模式可以鼓励医院或医生降低每日住院或门诊成本，但不鼓励他们缩短住院日和减少门诊次数。

6. 工资制

按工资标准偿付，也称薪金制，即由社会保险机构根据医生或其他医疗服务人员提供的服务向他们发工资。这是医疗保险常见的一种支付医生费用的形式，广泛地应用于芬兰、瑞典、西班牙、英国、加拿大等国家。

该模式的特点在于社会保险机构对医生支付固定的费用，而不是考虑医生看病次数和服务人数多少，因此难以调动医生多提供服务与提高质量的积极性。

总之，医疗保险的费用支付有多种形式，各种形式各有各的优缺点，因此很少有国家采用单一的支付模式，各国更倾向于采用多元化的支付方式。医疗费用的支付作为影响各国整体医疗费用支出的关键因素，其支付制度的改革成为各国关注的核心内容之一。纵观各国的改革实践，按服务项目付费是造成过去医疗费用增长过快的制度原因。因此从后付制向预付制的改革，强迫医疗服务提供者承担经济风险，自觉规范医疗行为，对降低医疗费用支出有一定成效。

（三）被保险人支付方式

在满足了缴费义务的前提下，让被保险人支付一定的医疗费用，是为了避免在免费医疗情况下产生的搭便车行为，以控制医疗费用的快速上涨。不同国家采用的被保险人付费方式不一，主要有以下几种：

1. 定额自负

定额自负是指被保险人每得到一次门诊或住院服务，都需自负一定数量的医疗费用。

2. 起付线与封顶线

起付线又称扣除法，指被保险人只有在支付了一定数额的医疗费用之后，保险机构才负责支付剩下的部分或全部医疗费用，这个规定的数额就是起付线。封顶线也称最高限额，是指医疗保险机构率先规定了一个支付的最高限额，超出这一限额的医疗费用不予报销，由被保险人自己负担。

3. 共付保险

通常起付线与封顶线之间的医疗费用往往由被保险人和医疗保险机构共同分担，被保险人本人也要自付一定比例。共付保险的优点是在降低医疗服务价格的同时，促使病人去寻求较便宜的医疗服务，避免优质资源扎堆的情况。

第三节　中国城镇职工基本医疗保险制度

一、中国城镇职工基本医疗保险制度的发展历程

我国传统的医疗保障制度始建于20世纪50年代，是基于我国城乡长期二元分割状态，由面向城镇居民的公费医疗、劳保医疗和面向农村居民的合作医疗三种制度共同构成的。但是随着中国经济体制转轨，医疗社会保障制度也发生了根本性变革。1998年我国在城镇逐渐建立起了城镇职工基本医疗保险制度。

（一）传统的医疗保险制度时期

1. 公费医疗制度

公费医疗制度是根据1952年政务院发布的《关于全国各级人民政府、党派、团体及所属事业单位的国家工作人员实行公费医疗预防的指示》确立的。

公费医疗制度的覆盖对象为各级政府、党派、人民团体及文化、教育、科研、卫生等事业单位的工作人员和离退休人员、二等以上革命残废军人、高等院校在校学生等。除差额预算管理及自收自支预算管理的事业单位医疗经费从提取的医疗基金中开支以外，其他单位的公费医疗经费主要由国家财政负担。享受公费医疗的人员在指定的医疗机构就诊住院，除挂号费、营养滋补药品及整容、矫形等少数项目由个人自付外，其他医疗费的全部或大部分由公费医疗经费开支。

2. 劳保医疗制度

劳保医疗制度是根据1951年政务院颁布的《中华人民共和国劳动保险条例》以及1953年1月劳动部公布试行的《中华人民共和国劳动保险条例实施细则修正草案》建立和发展起来的。

劳保医疗制度的覆盖对象是全民所有制企业和城镇集体所有制企业的职工及供养的亲属、离退休人员等。其保险项目和待遇与公费医疗基本相同，但是劳保医疗由企业根据国家制定的劳保政策自行组织实施，其经费按照企业职工工资总额和国家规定

的比例在生产成本项目中列支，经费由企业自行管理。

（二）改革时期

随着社会主义市场经济体制的发展，公费医疗和劳保医疗的制度缺陷暴露出来，主要体现在以下几个方面：

第一，公费医疗与劳保医疗覆盖面较窄。随着我国经济体制改革，所有制结构发生了深刻变化，非国有经济劳动者急剧增多却未纳入医保范围。因为公费医疗与劳保医疗仅覆盖行政机关、部分事业单位、国有企业和部分集体企业。

第二，缺少第三方制约，医疗费用增长快。统包统揽的福利制使得单位和个人没有自我保障和约束，使得医疗费用增长过快，浪费严重，财政和企业不堪重负。部分医疗单位受利益的驱动导致诊断升级，推销贵重药品等行为产生。一些职工缺乏医疗节约意识，导致“小病大养”“一人参保，全家吃药”等现象发生。

第三，管理和服务的社会化程度低。企业劳保医疗制度以单位自我保障为主，职工医疗费用社会互济程度低，新老企业之间、不同行业之间缺乏统筹互济，职工医疗待遇苦乐不均。许多经济不发达地区和效益差的企业职工基本医疗待遇得不到保障，引发大量的社会矛盾。另外，由于劳保医疗分散在各个企业自行管理，企业“办社会”现象严重，加重了企业的负担。

为了适应经济转型以及国有企业改革，国家对医疗保险制度进行了改革探索。

1. 医疗保险制度改革探索期

1982 年 3 月，全国总工会、国家劳动总局、财政部联合印发《关于制止把医药费全部发给职工个人包干使用的通知》，要求部分国营企业单位检查纠正将全部医疗费按定额包干给职工个人超支自理的做法，以及门诊医疗费平均发给职工，包干使用，超支自理，住院医疗费仍由单位报销等做法。随后各地逐步取消定额包干，规定职工医药费“按比例负担”。其目的是引导职工增强医疗费用节约意识，抑制过度医疗服务需求，为医保个人账户的建立埋下伏笔。

1984 年党的十二届三中全会决定，围绕经济体制转轨和国营企业改革目标，各地开始以企业为重点探索医疗费用社会统筹机制。

2. 三方共担筹资机制形成期

1985 年 9 月至 1989 年 3 月，基本医疗保险费由政府、单位和个人共同负担，形成新的筹资机制。

3. 城镇职工基本医疗保险“统账结合”试点期

1989—1994 年，我国在试行大病统筹的基础上，开始进行以社会统筹与个人账户相结合为特点的城镇职工医疗保险制度改革探索，并于 1994 年 10 月开始在江苏省镇江市和江西省九江市进行试点。

社会统筹，就是对医疗保险基金实行统一筹集、统一管理、统一调剂、统一使用。“统筹”可以实现医疗费用的互助共济、综合调整，较好地分散风险，实现社会公平。

医疗保险个人账户的建立，对患者的医疗费用开支有明显的抑制作用，也会对医疗机构产生一定的制约作用，避免开人情方、大处方、乱检查等不规范行为，能有效节约医疗资源。通过基金的积累可以缓解职工个人患重病、大病以及人口老龄化所带来的医疗费用的支出压力。

4. “统账结合”制度模式的确立期

1996—1997 年，经国务院医改领导小组批准，城镇职工医疗保险制度改革试点扩大到 50 个城市，扩大试点的总体效果是积极的，印证了“统账结合”医疗保险制度的可行性。1998 年，以国务院正式发布《国务院关于建立城镇职工基本医疗保险制度的决定》为标志，我国城镇职工医疗保险制度进入了崭新的阶段。

随后几年，我国又陆陆续续颁布了诸多的法律、法规，对医疗保险制度改革中重要问题的解决提供了指导，为深化改革、进一步扩大医疗保险制度的覆盖范围提供了依据。

二、中国城镇职工基本医疗保险制度的主要内容

现行的城镇职工基本医疗保险制度是与我国经济发展水平相适应的一种社会保险制度，其指导思想是“基本水平、广泛覆盖、双方负担、统账结合”。

（一）覆盖范围

城镇职工基本医疗保险适用于所有用人单位，包括企业（国有企业、集体企业、外商投资企业、私营企业等）、机关、事业单位、社会团体、民办非企业单位及其职工。

（二）缴费办法

城镇职工基本医疗保险费主要来源于单位和个人的共同缴费，单位缴费控制在职工工资总额的 6%左右，职工个人缴费为本人工资收入的 2%左右；建立医疗保险统筹基金和个人账户，单位缴费部分 70%左右划入统筹账户，30%左右划入个人账户，个人缴费全部划入个人账户。

（三）享受资格与待遇支付

城镇职工基本医疗保险强调权利与义务相结合，医疗保险待遇的享受以满足缴费要求为前提，其次还应该符合“两定点、三目录”的规定，转诊和转院必须符合相关规定。

城镇职工基本医疗保险基金实行统账分离管理，社会统筹基金与个人账户的支付范围分别核算。个人账户主要用于支付小额和门诊医疗费用，起付线标准以下的医疗费用从个人账户中支付，个人账户不够的由参保人自行支付。统筹基金主要支付大额和住院治疗费用，由医疗保险经办机构统筹调剂使用，按医疗费的一定比例支付。统筹基金的起付线标准一般为当地职工年平均工资的 10%左右，封顶线一般为当地职工年平均工资的 4 倍左右，具体报销比例和报销的上限不同。

截至 2019 年年底，全国参加城镇职工基本医疗保险的人数为 43 482 万。新制度保障了职工的基本医疗，解决了职工看病报销难的问题，有效遏制了医疗费用的上涨，也有助于促进劳动力的流动。

第四节　中国居民基本医疗保险制度

1956 年以后，集体经济逐步介入农村疾病医疗，建立起了农村合作医疗制度，1980 年后该制度因丧失了集体经济的基础而走向衰落，后于 2003 年在农村重建了新型农村合作医疗制度。

2007年开始在城镇进行城镇居民（非从业人员）基本医疗保险制度的试点；2016国务院发布《关于整合城乡居民基本医疗保险制度的意见》，开始探索并至今已基本完成将城镇居民医疗保险和新型农村合作医疗保险合并为城乡居民基本医疗保险制度。

一、中国农村的医疗保险制度

（一）农村合作医疗制度

农村合作医疗制度简称“旧农合”，是指以农村居民为对象，集体和个人共同筹集医疗保险基金，在参加合作医疗的农民看病时给予一定比例补偿的医疗保险制度，是农民群众依靠集体力量，遵循自愿和互济原则建立起来的一种医疗互助制度。该制度起源于20世纪50年代，后随着农村互助合作运动的发展，在农村地区进一步发展和普及。

农村合作医疗制度有效解决了农村卫生事业筹资问题。1966—1978年，大约90%以上的农村居民可以通过合作医疗获得廉价的初级卫生保健服务。这一制度受到世界卫生组织的高度肯定。在农村合作医疗制度、爱国卫生运动以及居民认知水平提高的共同作用下，新中国成立后的30年内，许多流行病与传染病在中国农村被消灭或控制，全国人均期望寿命从35岁提升至68岁，婴幼儿死亡率显著下降，国民身体素质明显增强。不仅如此，该时期的卫生事业发展还为改革开放后的经济发展培育了人力资本，为改革开放后30年的人力资本红利释放奠定了基础。但是随着家庭联产承包责任制的推行，1980年后该制度因丧失了集体经济的基础而走向衰落。

（二）新型农村合作医疗保险制度

20世纪80年代初，合作医疗在我国广大农村地区基本解体，农民的健康处于无保障的状态。直到2002年10月，国务院印发《关于进一步加强农村卫生工作的决定》，指出当前农村合作医疗面临很多困难，农民因病致贫、返贫情况突出，对此提出了“逐步建立新型农村合作医疗制度”的要求。2003年国务院又转发了卫生部、财政部等部门《关于建立新型农村合作医疗制度的意见》，进一步明确了建立新型农村合作医疗制度（以下简称“新农合”）的目标和原则，对相关政策做了较为细致的设计，并提出组织实施的要求，自此，我国的农村医疗保障发展进入了新的时期。新农合的基本情况如下：

1. 参保方式

明确农民以家庭为单位自愿参加新农合。这是考虑到农民家庭中的老人、孩子容易患病，但是没有收入，而有收入能力的中青年得病较少，所以要求农民以家庭为单位缴费，即不允许有病的参加、没病的不参加的选择式参保。这样有助于通过“大数法则”实现新农合资金的收支平衡，也有利于家庭成员之间的互济。

2. 缴费办法

新农合实行个人缴费、集体扶持和政府资助相结合的筹资机制。个人缴费水平、政府财政资助水平以及集体经济的扶持力度，根据不同地区的经济条件由地方政府决定。

3. 基金管理与支付

坚持以收定支、保障适度的原则，既保证制度持续有效运行，又使农民能够享受基本的医疗服务。农村合作医疗基金在国有商业银行设立专用账户，基金专款专用、专户存储，不得挤占挪用，基金使用情况要定期张榜公布，并定期由政府有关部门和参合农民代表组成的监督委员会汇报，接受审计。

新农合以"补大"为主，与"补小"相结合。农村合作医疗基金主要补助参加新型农村合作医疗农民的大额医疗费用或住院医疗费用。有条件的地方，可实行与大额医疗费用补助相结合的办法，既提高抗风险能力又兼顾农民受益面。对参加新农合的农民，年内没有动用农村医疗合作基金的，要安排进行一次常规体检。

截至 2014 年年底，全国新农合参保率为 98.9%，基本实现了新农合制度全面覆盖。建立新农合制度是切实解决"三农"问题、统筹城乡经济社会协调发展的重大举措，是构建和谐社会的"助推器"和农民致富奔小康的"加速器"。

二、中国城镇居民基本医疗保险制度

2008 年 3 月国务院发布《关于开展城镇居民基本医疗保险试点的指导意见》，正式启动城镇居民基本医疗保险试点工作，2010 年该制度在全国范围内全面推开。城镇居民基本医疗保险制度是由政府组织、引导和支持，家庭（个人）、集体和政府多方筹资，以大病统筹为主的城镇居民基本医疗保险制度，以保证城镇居民"小病及时治疗，慢病及时防治，大病及时救助"。该政策的主要内容包括：

不属于城镇职工基本医疗保险制度覆盖范围的中小学阶段的学生、少年儿童和其他非从业城镇居民都可自愿参加城镇居民基本医疗保险。城镇居民基本医疗保险以家庭缴费为主，政府给予适当补助。参保居民按规定缴纳基本医疗保险费，享受相应的医疗保险待遇，有条件的用人单位可以对职工家属参保缴费给予补助。国家对个人缴费和单位补助资金制定税收鼓励政策。

城镇居民基本医疗保险待遇享受以满足缴费条件为前提，即权利与义务相结合，基金重点用于参保居民的住院和门诊大病医疗支出，有条件的地区可以逐步试行门诊医疗费用统筹。合理制定城镇居民医保基金起付线、支付比例、封顶线（最高支付比例），完善支付办法，合理控制医疗费用。这在很大程度上借鉴了职工医保的起付线、支付比例、封顶线三项管理规定。

城镇居民基本医疗保险从试点到全面推广仅用了三年时间，该制度的建立为城镇非就业居民解除了后顾之忧，在一定程度上减轻了参保人患病尤其是患大病时的经济负担，体现了"一人有病万家帮"的互助共济精神。

三、中国城乡居民基本医疗保险制度

2016 年国务院印发《关于整合城乡居民基本医疗保险制度的意见》，要求各地将城镇居民基本医疗保险及新型农村合作医疗保险合并实施为城乡居民基本医疗保险。2019 年 4 月，国家医疗保障局与财政部联合发布《关于做好 2019 年城乡居民基本医疗保障工作的通知》，明确要求：城镇居民基本医疗保险和新型农村合作医疗制度尚未完全整合统一的地区，要按照党中央、国务院部署要求，于 2019 年年底前实现两项制度并轨运行，向统一的城乡居民医保制度过渡。至今已在全国范围内基本实现了新农合和城镇居民基本医疗保险的合并实施。

（一）城乡居民基本医疗保险制度实施背景

近年来，随着经济的快速发展，新农合与城镇居民医疗保险在医保管理部门、缴费标准、药品目录、定点医疗机构、待遇政策等方面的不统一，导致参保人员和医保基金分散，参保人员流动受到限制，统筹层次不高，重复参保等问题显现。因此，必须要对两项制度进行整合。

（二）城乡居民基本医疗保险制度实施的意义

整合城镇居民基本医疗保险和新农合两项制度，建立统一的城乡居民医保制度，定位准确，立足经济社会发展水平、城乡居民负担和基金承受能力，充分考虑并逐步缩小城乡差距、地区差异，保障城乡居民公平享有基本医保待遇，实现城乡居民医保制度可持续发展，是推进医药卫生体制改革、实现城乡居民公平享有基本医疗保险权益、促进社会公平正义、增进人民福祉的重大举措，对促进城乡经济社会协调发展、全面建成小康社会具有重要意义。

（三）城乡居民基本医疗保险制度的主要内容

1. 覆盖范围与基金筹集

城乡居民基本医疗保险制度覆盖范围包括现有城镇居民医保和新农合所有应参保（合）人员，即覆盖除职工基本医疗保险应参保人员以外的其他所有城乡居民。

坚持多渠道筹资，继续实行个人缴费与政府补助相结合为主的筹资方式，鼓励集体、单位或其他社会经济组织给予扶持或资助。

2. 享受资格与待遇支付

城乡居民医保基金主要用于支付参保人员发生的住院和门诊医药费用。稳定住院保障水平，政策范围内住院费用支付比例保持在75%左右。进一步完善门诊统筹，逐步提高门诊保障水平。逐步缩小政策范围内支付比例与实际支付比例间的差距。

3. 基金管理

城乡居民医保执行国家统一的基金财务制度、会计制度和基金预决算管理制度。城乡居民医保基金纳入财政专户，实行“收支两条线”管理。基金独立核算、专户管理，任何单位和个人不得挤占挪用。

结合基金预算管理全面推进付费总额控制。基金使用遵循以收定支、收支平衡、略有结余的原则，确保应支付费用及时足额拨付，合理控制基金当年结余率和累计结余率。强化基金内部审计和外部监督，坚持基金收支运行情况信息公开和参保人员就医结算信息公示制度，加强社会监督、民主监督和舆论监督。

总体而言，城乡居民基本医疗保险整合了城镇居民医疗保险和新农合的基本制度政策，做到了覆盖范围、筹资政策、保障待遇、医疗目录、定点管理、基金管理的统一。城乡居民基本医疗保险的实施提高了医疗保险的统筹层次，在稳步推进市（地）级统筹的基础上鼓励实行省级统筹；注重做好医保关系转移接续和异地就医结算服务；完善了信息系统与支付方式，有助于加强医疗服务监管；引导定点医疗机构规范服务，控制医疗费用不合理增长。城乡居民基本医疗保险制度公平性进一步提高，参保人员特别是农村居民保障水平得到提升。

第五节　补充医疗保险制度

目前我国医疗保险制度体系已基本形成，即以城镇职工基本医疗保险、城乡居民基本医疗保险为主体，以公务员医疗补助、企业补充医疗保险、大病医疗保险、商业保险等为补充，以医疗救助为底线的多层次医疗保障体系的基本框架，以此减轻患者及家庭的经济负担。

一、公务员医疗补助

公务员医疗补助主要是指公务员在参加城镇职工基本医疗保险的基础上实行的医疗补助制度。国务院办公厅于2000年5月转发了劳动保障部、财政部《关于实行国家公务员医疗补助的意见》，表明国家公务员医疗补助经费来源列入当年财政预算，经费专款专用，与基本医疗保险基金分开管理，单独核算。补助经费主要用于解决国家公务员在基本医疗保险统筹基金最高支付限额以上，符合基本医疗保险用药、诊疗范围和医疗服务设施标准的医疗费用；在基本医疗保险支付范围内，个人自付超过一定数额的医疗费用；中央和省级人民政府规定享受医疗照顾的人员，在就诊、住院时按规定给予医疗费用补助。

二、企业补充医疗保险

2002年财政部、劳动保障部联合发布了《关于企业补充医疗保险有关问题的通知》，允许企业在按规定参加当地基本医疗保险的基础上，自愿建立补充医疗保险。企业补充医疗保险资金由企业或行业集中使用和管理，单独记账，单独管理。企业补充医疗保险费由企业和个人共同缴纳，政府给予一定的税收优惠。

三、大病医疗保险

我国基本医疗保险普及之后，从制度上总体解决了绝大多数职工和城乡居民罹患疾病的经济风险问题。但是基本医疗保险只能满足普遍的基本需求，而有些重大疾病患者因不得不接受基本医疗保险政策规定之外的诊疗项目和自费药品，承受着高额的医疗费用压力，导致因病致贫、因病返贫的现象发生。为解决这一问题，一些地方尝试建立将重特大疾病患者作为一个特殊群体给予更多援助的大病医疗保险制度，以减轻大病患者的个人负担。

（一）城乡居民的大病医疗保险制度

2012年8月，国家发展和改革委员会、卫生部、财政部、人力资源和社会保障部、民政部、保险监督管理委员会六部委联合发布《关于开展城乡居民大病保险工作的指导意见》，明确针对城镇居民医保、新农合参保（合）人大病负担重的情况，引入市场机制，建立大病保险制度，减轻城乡居民的大病负担，主要对大病患者在基本医疗保险基金补偿后需个人负担的合规医疗费用，超过当地一定收入水平的部分进行二次报销，报销比例不低于50%；筹资渠道是从城乡居民医保基金和新农合基金中划出一定比例或额度。

2015年7月国务院办公厅印发《关于全面实施城乡居民大病保险的意见》，要求各地在当年年底前，使大病保险覆盖所有城乡居民基本医保参保人群，大病保险基金支付比例达到50%，有效减轻大病患者看病负担。至2017年，在全国范围内基本建立起比较完善的大病保险制度，与医疗救助等制度紧密衔接，共同发挥托底保障功能，有效防止发生家庭灾难性医疗支出，城乡居民医疗保障公平性得到显著提升。

（二）城镇职工的大病医疗保险制度

由于职工医疗保险已有第二层次的保障，即公务员补充医疗保险和企业补充医疗保险政策，因此早期并未被列入大病医保的范围。但是，我国的企业千差万别，一些效益不好的单位职工，第二层次的保障水平比较低，在面临大病时非常脆弱。因此，为切实提高大病保障水平，减轻职工大病患者的医疗费用负担，努力避免职工家庭因病致贫，山东省率先建立了全省统一的职工大病医疗保险制度。

2016年12月16日，山东省政府办公厅下发了《关于建立职工大病保险制度的意见》，明确自2017年1月1日起，启动实施职工大病保险制度。根据这一意见，山东省参加职工基本医疗保险并按规定享受医疗待遇的参保人员将被纳入保障对象。职工大病保险坚持政府主导，商业保险机构承办，采取按医疗费用额度补偿的办法，对参保人员患重大疾病发生的合规医疗费用，给予一定补偿。职工大病保险资金原则上从职工基本医疗保险统筹基金中划拨。每年职工大病保险的筹资标准，根据各市职工患大病发生的高额医疗费用情况、基本医疗保险筹资能力和支付水平等因素测算确定。2017年，山东省职工大病保险按照每人每年20元标准进行筹集。

随后，越来越多的城市在遵循以人为本、保障大病的原则上，探索并建立起了针对城镇职工的大病医疗保险制度。此外，国家还注重发挥商业健康保险的补充作用，国务院和有关部门先后制定实施《关于加快发展商业健康保险的若干意见》《关于促进社会服务领域商业保险发展的意见》等政策文件，积极支持商业健康保险发展。2020年，全国超过15家商业保险机构承办大病保险等业务，覆盖超过12亿人，惠及近3 000万人，为满足人民群众多元医疗保障需求提供了制度支撑。

城乡居民大病医疗保险制度的实施和城镇职工大病医疗保险制度的不断探索与完善，使得数千万大病患者得到了资金支持，与基本医保、补充医保、社会慈善捐助等多重政策一起，减少了千万家庭因病致贫、因病返贫事件的发生。

第六节　生育保险制度

一、生育保险的定义及特征

生育保险是国家通过立法，在女性生育期间对生育责任承担者给予收入补偿、医疗服务和生育休假的社会保障制度。生育保险的特点主要包括：

第一，生育保险的对象以女性为主，包含男性职工，企业同样应为男性职工缴纳生育保险费。

第二，一般在女性怀孕和生育期间享受社会保障。无论女职工妊娠结果如何，均可以按照规定得到补偿。即无论胎儿存活与否，产妇均可享受有关待遇。

第三，生育过程需要医疗手术，因此生育保险和医疗保险比较类似。

第四，生育休假需要脱离工作岗位，因此生育保险和失业保险类似。

第五，生育保险待遇有一定的福利色彩，因为生育期间的经济补偿高于养老、医疗等保险。

二、生育保险的意义

生育保险是为了维护女职工的基本权益，减少和解决女职工在孕产期以及流产期间因生理特点造成的特殊困难，使她们得到必要的经济收入和医疗照顾，保障她们及时恢复健康，回到工作岗位。

（一）生育保险是对妇女生育价值的认可

妇女生育是社会发展的需要，她们为家庭传宗接代的同时，也为社会劳动力再生产付出了努力，应当得到社会的补偿。因此对妇女生育权益的保护，被大多数国家接受和给予政策支持。

（二）生育保险是对家庭的基本生活保障

女性已经大规模参与经济活动，女职工的经济收入已经成为维持家庭正常生活不可或缺的部分。但是，在生育期间女性离开工作岗位，不能正常工作，若此时收入中断则会导致家庭生活水平骤降。生育保险使妇女本人及其家庭避免陷入生育风险，能保障家庭这个社会细胞的稳定。

（三）生育保险能够保障母婴健康

国家通过制定相关政策保障妇女由于生育离开工作岗位期间享受有关待遇，使妇女不再因为经济压力而减少医疗费用和生活费用支出，在生活保障和健康保障两方面为孕妇的顺利分娩及母婴健康创造了有利条件。

（四）实行生育保险是提高人口素质的需要

妇女生育体力消耗大，需要充分休息和补充营养。生育保险为她们提供了基本工资，使她们的生活水平没有因为离开工作岗位而降低，同时为她们提供医疗服务项目，包括产期检查、孕产期保健指导、胎儿生长监测等。这不仅可以保证女性劳动力的恢复与再生，还能保护胎儿正常生长，起到提高人口质量的作用。

三、生育保险制度的发展历程

生育保险是社会化大生产的产物。1883 年德国《职工疾病社会保险法》就已经写上了有关生育保险的内容。1919 年国际劳工大会通过了《妇女产前产后就业公约》，对女性产前和产后就业做了相关的规定。随着各国社会保障事业的发展，该公约在 1952 年进行了修订，形成了《生育保护公约》，公约规定适用范围内的妇女在生育子女时，享受一定时间的带薪产假和医疗服务，1952 年颁布的《社会保障最低标准公约》也有关于生育保险的规定。

此后，各国关于疾病保险、妇女权益保障的立法中都有关于生育保险的内容。但是由于各国经济发展速度和社会保障制度不同，生育保险制度所采取的内容、形式、标准也不同。但共同点基本包含国家立法，通过法律确定生育保险性质、运行机制等。

2000年国际劳工大会又修改了《生育保护公约》，许多国家基于此对生育保险制度进行多次修订，修订的内容主要是延长产假时间、提高待遇水平、扩大覆盖范围和充实保障内容等。经济合作与发展组织（OECD）国家在2000年前后还提出了“家庭友好”政策，为怀孕和生育的女性提供父母育儿假、儿童照顾服务以及学龄前儿童早期教育服务等。

与较早建立生育保险制度的欧洲相比，亚洲国家除了日本，生育保险制度一般是在20世纪30、40年代以后建立的。

四、生育保险制度的主要内容

生育保险制度是对女性生育期间提供的收入补偿、医疗服务和生育休假的社会保险制度。生育保险制度的结构与其他社会保险基本相同，主要包含覆盖范围（对象）、资金来源、支付条件及待遇水平等方面。

（一）生育保险的对象

1. 按性别划分，生育保险的覆盖对象可以分为男性和女性

生产行为虽然由女性完成，但是生育责任却需要男女共同承担。因此，生育保险不仅与女性有关，与男性也有关系。男性与生育保险的关系主要体现在以下几个方面：①生育保险费由男女共同承担。国际劳工组织《生育保护公约》第4条规定，无论由雇主缴纳还是由雇主和雇员共同缴纳，生育保险费用应该不分男女共同承担。②男性不仅是生育保险费的承担者，也享有休“父育假”和“育儿假”的权利，做节育手术的有权享受生育保险。全世界目前约有40个国家规定了父亲育儿假，主要是欧美发达国家。我国为减轻产妇抚育婴儿的压力，有效恢复身体健康，鼓励男性参与到育儿的过程中，对男性职工一般也提供7到30天不等的带薪休假。

2. 按就业性质划分，生育保险覆盖对象可以分为正规就业者和非正规就业者

从世界范围来看，“非正规部门”或者以“非正规方式”就业的女工往往被排除在生育保险制度之外。在我国，职工生育保险的对象也主要是正规就业的“城镇女职工”，而在“非正规部门”工作，或者以“非正规方式”就业的城镇女职工一般还不能参加生育保险。将社会保险的覆盖面扩大到非正规就业者，是各国政府努力的目标。

3. 生育保险受益女性按身份可以分为在业女职工、男性雇员未就业配偶和女性国民

生育保险主要受益者是在职女职工，覆盖面再放宽一点，受益者也包括男性雇员未就业配偶，少数国家覆盖全体女性国民。在覆盖全民的情况下，所有居民都可享受生育补助及医疗待遇，只是要求居民在本国有一定居住期限。我国也正开始扩大生育保险受益者范围，男性雇员未就业配偶、城镇非就业女性以及农村妇女都将被纳入生育保险的覆盖范围。

（二）资金来源

世界上多数国家没有单列生育保险，在管理上往往将生育保险和医疗保险融合，合并收费。只有少数国家，比如中国有单独的生育保险缴费，因此，这里所说的生育保险资金来源，一般是指包括生育保险缴费在内的多险种合并缴费。基金来源主要有

单方负担、双方负担、三方负担等几种方式。

1. 单方负担

各国采用的单方负担模式主要为雇主单方负担，如瑞典、印度尼西亚、新加坡等国家的生育保险费由雇主全部负担。

2. 双方负担

由雇主和雇员双方负担（如巴基斯坦）、由雇主和政府双方负担（如丹麦、意大利、英国、菲律宾等）是普遍采用的双方负担模式。

3. 三方负担

由受保人、雇主和政府共同缴费是大多数欧亚国家普遍采用的方式，如欧洲的奥地利、比利时、芬兰、法国、德国、希腊、爱尔兰、卢森堡、荷兰和西班牙等国家；亚洲的印度、日本、韩国和泰国等国家。

（三）支付条件及待遇水平

1. 支付条件

生育保险支付条件，不同的国家有不同的要求，一般受参保缴费、缴费时间或者在业时间、居住年限、是否符合本国的人口出生政策等因素的影响。

有的国家要求怀孕和生育事先告知，比如：澳大利亚要求女工至少在产假前 10 周将自己怀孕的事实告诉雇主，奥地利要求女工一旦知道自己怀孕就要及时报告等等。

2. 待遇水平

（1）产假津贴。产假津贴是指在法定生育休假期间对被保险人的工资收入损失给予的经济补偿。国际劳工组织规定的产假津贴最低标准为本人原工资的 67%。各国水平有所不同，甚至有的为原工资的 100%，部分国家未设置产假津贴。

（2）医疗费用。即与生育有关的医护费用，包括住院费、接生费、产前检查费等，有的国家采用实报实销方式，有的国家规定一个固定的报销金额。

（3）生育补助。生育补助根据一个国家的福利水平、是否鼓励生育等政策而定。瑞典规定育儿夫妇的现金补助为：在 390 天假期内，补助金额为替代收入的 80%。

（4）生育休假。生育休假包括产假（母育假）、父亲育儿假（母亲产假期间的父亲育儿假）和育儿假（母亲产假后父母双亲任何一方的育儿休假）。2000 年国际劳工大会修改《保护生育公约》，将最低产假标准从 1952 年的 12 周增加至 14 周。在实际操作上各国的待遇标准略有差别。

（5）为生育职工保留工作岗位，使其产后重新回到原工作岗位等。生育保险待遇在不同国家是不同的，主要体现在待遇项目上的不同和相同项目待遇水平不同等方面。

第七节　中国的生育保险制度

一、中国生育保险制度的发展历程

我国的生育保险基本上是一种职工生育保险，覆盖对象以城镇职工为主。城乡居民的生育保险制度正处于探索发展阶段。

（一）初建时期

我国生育保险制度在新中国成立初期已经建立，1951年颁布的《中华人民共和国劳动保险条例》把“女工人与女职工”纳为保障对象，同时规定生育保险待遇包括产假、产假工资、生育补助。

1953年1月颁布的《中华人民共和国劳动保险条例实施细则修正草案》中，增加了生育保险待遇内容，调高了保险待遇水平，生育补助改为现金支付，男工人与男职工配偶生育时给予生育补助。

1955年4月《国务院关于女工作人员生产假期的通知》使“机关女工作人员”也有了基本相同的制度保障。

（二）缓慢发展时期

1969年2月，财政部颁发了《关于国营企业财务工作中的几项制度的改革意见（草稿）》，规定：“国营企业一律停止提取工会经费和劳动保险金”，“企业的退休职工、长期病号工资和其他劳保开支，改在企业营业外列支”。从此，生育保险国家统筹消失，各企业只对本企业的女工负责。

（三）改革时期

20世纪80年代初，卫生部、劳动人事部等部门进行了六年调查，发现《中华人民共和国劳动保险条例》中有关生育保障的措施已经难以适应快速发展的妇女就业形势。1986年卫生部等四部门联合印发《女职工保健工作暂行规定（试行草案）》。在此基础上，1988年国务院又颁布了《女职工劳动保护规定》，这是新中国成立以来第一部比较完整的、综合性的女职工劳动保护法规，于1989年开始实施并同时废止了《中华人民共和国劳动保险条例》中有关女工人、女职员生育待遇的规定和1955年《国务院关于女工作人员生产假期的通知》。

1988年的《女职工劳动保护规定》适用于中华人民共和国境内的一切国家机关、人民团体、企业、事业单位的女职工，扩大了覆盖范围；增加了产假天数（从56天增加到90天）；对女职工的劳动保护和禁忌从事的劳动范围做出了具体规定。对女职工的劳动权、收入权、健康权保障起到了十分积极的作用。但是这些政策还都处于强制用人单位执行的“雇主责任制”阶段。

1992年全国人大通过了《中华人民共和国妇女权益保障法》，明确“国家保护妇女依法享有特殊权益，逐步完善对妇女的社会保障制度”。

1994年7月《中华人民共和国劳动法》颁布，规定女职工与男职工享有同等的权利和义务，劳动者在生育情况下，依法享有社会保险待遇。

1994年12月，劳动部颁布了《企业职工生育保险试行办法》，它标志着我国生育保险制度的改革和发展进入了一个新的阶段。

随后，从适应市场经济体制下生育保险的新特征和发展趋势出发，我国生育保险积极尝试和探索，形成了我国现行的职工生育保险制度，其法律依据主要有三项：《企业职工生育保险试行办法》（劳动部1994年12月颁布）、《中华人民共和国社会保险法》（2010年10月颁布）和《女职工劳动保护特别规定》（国务院2012年颁布）。

二、中国城乡居民生育保险制度

中国城乡居民生育保险制度正在试点中，还没有全国统一的制度，因此简要介绍如下。

（一）城镇居民生育保障制度

2009年7月，人力资源和社会保障部办公厅发布《关于妥善解决城镇居民生育医疗费用的通知》，要求各地将城镇居民基本医疗保险参保人员住院分娩发生的符合规定的医疗费用纳入城镇居民基本医疗保险基金支付范围。开展门诊统筹的地区，可将参保居民符合规定的产前检查费用纳入基金支付范围。

2009年9月，人力资源和社会保障部发出了《关于确定城镇居民生育保障试点城市的通知》，自此，我国城镇居民生育保障试点工作开始。其宗旨是贯彻落实党的十七大提出的“加快建立覆盖城乡居民的社会保障体系”的要求，解决城镇居民生育保障问题。人力资源和社会保障部确定了吉林长春市、江苏省南通市、安徽省马鞍山市、湖南省常德市、广东省惠州市、四川省成都市、陕西省铜川市七个城市作为城镇居民生育保险试点城市。

（二）农村生育保障制度

农村的生育保障主要采用的是加强对农村孕、产妇和儿童的保健工作，提高住院分娩率，通过新农合医疗基金解决农村妇女住院分娩的医疗费，很多地区还设置了农村孕、产妇住院分娩补助政策，补助标准一般由各省（自治区、直辖市）财政部门会同卫生部门制定。

三、中国城镇职工生育保险制度

（一）覆盖范围与缴费办法

1. 覆盖范围

城镇职工生育保险制度的覆盖范围为城镇企业及其职工。2011年施行的《中华人民共和国社会保险法》明确了“职工未就业配偶按照国家规定享受生育医疗费用待遇，所需资金从生育保险基金中支付”。

2. 缴费办法

城镇职工生育保险制度根据“以支定收，收支基本平衡”的原则进行筹集，一般为地市级统筹。企业按不超过工资总额1%的比例向社会保险经办机构缴纳生育保险费，职工个人不缴费。考虑到全国各地经济状况不同，生育费用支付不平衡等因素，具体基金提取比例由当地人民政府确定。

（二）享受资格与待遇支付

1. 享受资格

女职工享受生育保险待遇的条件：一是要符合国家计划生育政策规定；二是女职工在分娩时，用人单位已为其参加生育保险且连续不间断正常足额缴纳生育保险费满一定时限（各地时间不一样，如北京要求连续缴费满9个月）。

参加生育保险的男职工的配偶无工作单位、符合国家生育政策要求的，可以按照相应的标准享受生育医疗补助等。

2. 待遇支付

参加生育保险的职工一般除可以按规定享受产假外，还可以享受由生育保险基金支付的生育津贴、与生育有关的医护费用和管理费用等。

（1）产假。2012 年国务院发布的《女职工劳动保护特别规定》明确女职工生育享受 98 天产假，其中产前休假 15 天；难产的，增加产假 15 天；生育多胞胎的，每多生育 1 个婴儿，增加产假 15 天。自 2017 年开始至今，各省份对按规定生育的女职工，在原规定产假基础上增设了 30 天至 3 个月不等的生育奖励假。

女职工怀孕流产的，其所在单位应当根据医务部门的证明，给予一定时间的产假。大多数省份也对男性职工的陪产假做了规定，一般在 7~30 天不等。

（2）生育津贴。生育津贴指的是国家法律、法规规定对职业妇女因生育而离开工作岗位期间，给予的生活费用。生育津贴一般为女职工终止妊娠当月所在用人单位月缴费平均工资除以 30 再乘以产假天数。所以，生育津贴计算方法与公司在社保处的申报工资基数有关，因此与产假工资并不相等，生育津贴高于本人产假工资的用人单位不得克扣，生育津贴低于本人产假工资标准的差额部分由用人单位补齐。

（3）与生育有关的医疗费用。超出规定的医疗服务费和药品费（含自费药品和营养药品的药费）由职工个人负担。女职工生育或流产出院后，由生育引起的疾病的医疗费，由生育保险基金支付；其他疾病的医疗费，按照医疗保险待遇的规定办理；女职工产假期满后，因疾病需要休息治疗的，按照有关病假待遇和医疗保险待遇办理。

四、中国城镇职工生育保险与医疗保险的合并实施

2015 年党的十八届五中全会首次提出“将生育保险和基本医疗保险合并实施”的建议，该建议于次年被写入“十三五”规划纲要。2017 年之前，我国城镇职工生育保险制度实施的依据主要为 1995 年 1 月 1 日起实行的《企业职工生育保险试行办法》和 2011 年 7 月 1 日起施行的《中华人民共和国社会保险法》。

2017 年 2 月 4 日，国务院办公厅印发《生育保险和职工基本医疗保险合并实施试点方案的通知》，该方案要求，要遵循保留险种、保障待遇、统一管理、降低成本的总体思路，推进两项保险合并实施。通过整合两项保险基金及管理资源，强化基金共济能力，提升管理综合效能，降低管理运行成本。2017 年 6 月底前启动试点，试点期限为一年左右。2019 年 3 月，国务院印发《关于全面推进生育保险和职工医疗保险合并实施的意见》（以下简称《意见》），标志着经过两年试点，在全国范围内全面推进“合并实施”的条件已经成熟。

（一）合并实施的意义

首先，医疗保险是我国五险中覆盖面最广的险种，生育保险的参保率显著低于医疗保险，将两个保险进行合并，有助于扩大生育保险征缴面，扩大生育保险的受益范围，切实保障参保人员的合法权益，确保医疗费用、产假津贴等奖励的及时发放。

其次，职工生育保险待遇所包含的生育医疗费在定点协议管理、相关目录和支付方式上与医疗保险管理大体一致，实践中大多数地区也由同一机构统一办理，因此与医疗保险的合并既可以降低医疗成本，也有利于各险种之间的综合平衡。

（二）合并实施的内容

根据《意见》，生育保险和医疗保险合并实施的内容主要包含：

1. 统一参保登记，扩大参保规模

参加职工基本医疗保险的在职职工同步参加生育保险。截至 2020 年第一季度，全

国参加职工医疗保险的人数 32 563. 46 万，同期参加职工生育保险的人数 21 947. 49 万。全面合并实施两项保险、职工同步参保后，将进一步扩大生育保险参保人数规模。

2. 统一医疗服务管理，推动付费方式改革

两项制度实行统一定点医疗服务管理，并执行统一的基本医疗保险、工伤保险、生育保险药品目录及基本医疗保险诊疗项目和医疗服务设施。将生育医疗费用纳入医疗保险支付方式改革范畴，推动住院分娩等医疗费用按病种、产前检查按人头等方式付费。

3. 统一经办和信息服务，降低管理成本

两项保险制度合并实施后，由基本医疗保险经办机构统一经办管理，充分利用了医保信息平台，实行信息系统一体化运行，降低了经办管理成本。

4. 确保生育保险待遇不变

明确生育保险待遇，包括社会保险法规定的生育医疗费用和生育津贴，所需资金均从新的职工基本医疗保险基金中支付。生育津贴支付仍按照《女职工劳动保护特别规定》等法规规定的产假期限执行，保障了政策的延续性和职工的法定权益。

五、中国生育保险制度的改革方向

目前我国的生育保险制度还存在覆盖范围小、参保率低、生育保险制度发展不平衡、缺少全国统一管理、统筹层次低、基金管理不科学、待遇水平低等问题。针对以上问题，只有规范生育保险管理的行为和职责，确立有效的管理制度，建立与经济发展相适应的社会统筹生育保险模式，才能有力地推动和促进生育保险制度的不断完善和发展。

（一）统筹城乡居民生育保险制度

在合并城镇居民基本医疗和新农合的基础上，以城乡居民基本医疗保险覆盖城镇和农村居民，建立起覆盖城乡居民的生育保障，城乡居民的生育保险通常作为专项“病种”在基本医疗保险基金中按规定支付。建立以职工生育保险覆盖城镇职工、以城乡居民医疗保险覆盖城乡未就业居民的生育保险制度。

（二）逐步建立覆盖全体国民的生育保险制度

尽管城镇职工生育保险制度和城乡居民医疗保险制度基本覆盖了全体国民，可以实现生育医疗费用的报销，但是许多城市灵活就业者和职工未就业配偶尚不能享受生育补助，并且农民工跨省就业或异地生育的医疗费用报销还未做到有效衔接。因此应积极探索解决城乡流动人口特别是跨地区流动人口的生育保障问题，探索建立符合农民工就业和生活情况的生育保险办法和管理措施，允许就业地生育或返乡生育，做好生育地医疗机构的结算工作，切实维护好农民工的合法权益。要建设全民医保体系就必须对此进行统筹安排。

思考题：

1. 医疗保险制度的主要特点有哪些？
2. 医疗保险的模式主要有哪些？各有什么特点？
3. 如何通过医疗费用第三方付费方式的改革有效控制医疗费用？
4. 实施生育保险的意义是什么？
5. 试阐释将医疗保险与生育保险进行合并的意义。

第六章 失业保险

第一节 失业保险概述

一、失业、失业率、失业保险

失业保险是就业保障体系中最重要的项目，对促进再就业、弱化失业负效应、稳定社会起着重要作用，了解失业保险首先要了解失业、失业率等概念。

（一）失业

1. 失业的概念

失业有广义和狭义之分。广义的失业指的是生产资料和劳动者分离的一种状态。在这种状态下，劳动者的生产潜能和主观能动性无法发挥，不仅浪费社会资源，还对社会经济发展造成负面影响。狭义的失业指的是有劳动能力的、处于法定劳动年龄阶段的并有就业愿望的劳动者失去或没有得到有报酬的工作岗位的社会现象。

根据以上定义，满足以下条件的视为失业：①本人无工作，没有从事有报酬的职业或自营职业；②本人处于劳动年龄，当前具备劳动能力，可以工作；③本人正在采取各种方式寻找工作。我国劳动保障行政部门对“失业”一词的界定是：失业是指劳动者在有劳动能力并确实在寻找工作的情况下不能得到适当职位而失去收入的状态。根据以上定义，一些虽处在法定劳动年龄，但是正在学校读书、在军队服役，或没有就业意愿的无业者不属于失业的范畴。

2. 失业的类型

（1）按照就业意愿可将失业分为自愿失业和非自愿失业。自愿失业是指劳动者自愿放弃就业机会，而没有找到新的工作岗位的情况。非自愿失业，是指有劳动能力、愿意接受现行工资水平但仍然找不到工作的现象。这种失业是客观原因造成的，因而可以通过经济手段和政策来消除。一般所讲的失业指非自愿失业。

（2）按失业程度可将失业划分为完全失业和部分失业（不充分就业）。其中，完全失业是指失业者有劳动能力但找不到合适的工作岗位；部分失业或不充分就业是指有劳动能力的人，虽然有工作，但是工作报酬达不到法定的工资标准，工作时间达不到正常工作时间的1/3。

(3) 按照失业的表现形式，可将失业分为显性失业和隐性失业。显性失业又称公开失业，一般以失业人员到职业介绍机构进行求职登记为准，通常用失业率来反映；隐性失业是指未表现出来，但却存在失业或就业不充分的现象，指实际生产率低于潜在的生产率，是一种劳动力资源未被充分利用的情况。

(4) 按不同的失业原因，可将失业分为摩擦性失业、季节性失业、技术性失业、结构性失业、周期性失业和等待性失业。

摩擦性失业指人们在转换工作过程中的失业，是由于信息不对称、时间滞差、信息成本和流动成本等造成的短期、局部的失业。这种失业主要是劳动力市场自身的缺陷造成的，反映了劳动者经常处于流动之中。

季节性失业是指气候状况有规律地变化对生产、消费产生影响引起的失业。这种失业具有规律性、行业性以及失业持续期的预知性等特点。

技术性失业是指在生产过程中引进先进技术代替人力，以及改善生产方法和管理而造成的失业。

结构性失业主要是经济结构（包括产业结构、产品结构、地区结构等）发生了变化，现有劳动力的知识、技能、观念、区域分布等不适应这种变化，与市场需求不匹配而引发的失业。一般而言，技术性失业是结构性失业的先导，结构性失业是技术性失业最大的表现。

周期性失业是指经济周期波动造成的失业，即经济衰退或萧条时，需求下降而导致的失业。周期性失业对于不同行业的影响是不同的，一般来说，需求的收入弹性越大的行业，周期性失业的影响越严重。

等待性失业是指求职者因有更高的工作期望而产生的一种失业状态，失业者只有等到期望的工资水平可以被满足时，才愿意就业。

（二）失业率

失业率是指一定时期满足全部就业条件的就业人口中仍未有工作的劳动力数字，旨在衡量闲置中的劳动产能，是反映一个国家或地区失业状况的主要指标。通常以失业人数占在业人数和失业人数之和的比例来反映，即

失业率=失业人数÷（在业人数+失业人数）×100%

1. 城镇登记失业率

我国使用的是城镇登记失业率，即

城镇登记失业率=城镇登记失业人数÷（城镇在业人数+城镇登记失业人数）×100%

城镇登记失业率的使用仅限于具有城镇户口的人员，登记失业率不能准确反映失业实际情况。为此近年我国劳动保障行政部门和国家统计行政部门联合开展了“调查失业率”统计，作为政府行政决策的参考。

2. 调查失业率

调查失业率是指符合失业条件的人数占全部常住经济活动人口的比重。其中常住

人口是指在城镇居住满半年的人员，并不要求其户籍在调查所在地，故可以反映登记失业率中未被涵盖的农民工等群体。2014 年 6 月我国首次正式发布官方调查的失业率数据，全国 31 个大城市城镇调查失业率为 5.05%。

衡量经济中的失业率看起来很简单，但实际情况并非如此。失业率涉及统计的技术指标和价值判断的问题，不同国家对劳动力、就业者和失业者的规定不同，如区分全职工作的人与完全不工作的人是容易的，但是区分失业者与非劳动力人口却要难得多，是否把非全日制就业者视为全职完全就业，对失业率的计算也不同，这些差异使得失业率的比较存在困难。

3. 失业警戒线

失业警戒线是基于对失业率的研究，以失业率为参照系提出的社会对失业的容忍程度。从国外的情况来看，目前西方发达国家确定的失业警戒线标准为：3%～4%为劳动力供给紧张型，5%～6%为劳动力供给宽松型，7%～8%及以上为失业问题严重型。失业警戒线的标准不是一成不变的，而是随着社会经济的发展而不断变化的。

失业作为市场经济的必然产物，是不可避免的。从各国的实际情形来看，失业并非都是坏事，经济学家通常认为，适度的失业有利于提高劳动者的素质和促进经济的发展。因此，失业既有积极影响也有负面影响。一方面，对劳动者而言，只有通过竞争才能够参与劳动并获得越来越优越的工作机会，促使劳动者主动关心并努力改善和提高自身素质和技能，从而从总体上促进社会劳动者素质和就业技能提高。并且，一些失业人口的存在能够对劳动力市场的供求起到调节作用，进一步实现劳动力资源或人力资源的优化配置，也为政府优化劳动力市场提供政策依据。另一方面，从整个社会角度来看，失业现象的存在又是对劳动力资源和人力资源的最大浪费。对个人而言，失业使得原本有劳动能力的人处于闲置状态，从而无法获得资本收益，这是一种资源的浪费，同时也影响劳动者生活水平，收入的减少使其难以维持基本生活水平。失业还会使社会分配不公问题更加突出，贫富差距日益加大，部分社会成员心理难以平衡等，因此大量失业人员的存在危及社会的稳定。故失业率有必要控制在合理范围内，不仅可以促进经济发展和劳动者素质的提高，还有助于维持社会稳定。

（三）失业保险

1. 失业保险的概念

失业保险是指国家通过立法强制实行的，由社会集中建立基金，对因失业而暂时中断生活来源的劳动者提供物质帮助和再就业服务的制度。失业保险的目标是提高劳动者抵御失业风险的能力，可以帮助解除劳动者的后顾之忧和化解失业带来的不利影响。

2. 失业保险的类型

世界各国的失业保险大体可以分为以下几种类型：

（1）强制性的失业保险制度。这是目前世界范围内采用得最多的失业保险模式。强制性失业保险由政府直接管理或委托一个机构负责管理，凡属于失业保险法覆盖范围的用人单位和职工都必须依法参加，雇主和个人没有选择的自由，一般由雇主和个人共同缴纳失业保险。

（2）非强制性的失业保险制度。在这种制度下劳动者可以自愿选择是否参加失业保险，失业保险由工会组织建立，政府提供资金支持，失业保险的管理一般由失业基金会负责。

（3）失业救济制度。这种类型的失业保险属于社会救济的范畴，具体的实施方式有多种：由政府或雇主向雇员一次性支付救济金或解雇费；不具备享受失业保险条件的失业者由政府提供标准较低的失业救济；对不具备领取失业保险金条件的失业者可以申请失业救济，但要接受家庭经济状况调查，符合救济条件才可以领取失业救济金。

在以上三种模式的基础上，各国根据自己的情况对单一的失业保险模式进行改革，形成了失业保险制度的组合模式：①非强制性失业保险制度和失业救济制度并行，如瑞典的工人可自愿加入工会建立的失业保险社，并在失业时若符合条件即可领取失业保险金，而未加入失业保险或未满足条件的失业人员可以领取失业救济金。②强制性的失业保险制度和失业救济制度并行。如在德国超过失业保险金领取期限却仍未找到工作的失业人员可以领取失业救济金。③强制性失业保险制度和非强制性失业保险制度并存，如日本。

3. 失业保险的功能

（1）保障基本生活的功能。失业不可避免，社会中总有一些人处于失业的状态，失业意味着生活来源中断。失业保险的首要功能是保障失业人员的基本生活，即失业保险机构通过向符合条件的失业者支付失业保险金，不仅保障了失业者的基本生活，还维持了劳动力的再生产。

（2）稳定功能。失业保险的稳定功能主要体现在社会稳定功能与经济稳定功能两方面。①社会稳定功能体现在失业保险为失业者提供基本的生活保障，使其不至于陷入无法生存的困境，安定了个人及其家庭的生活，缓和了由失业带来的社会矛盾，有利于维护社会稳定。②失业保险金的筹集及发放是宏观经济的“稳定器”。经济形势好的时候，政府从投资或消费领域提留资金，可以在一定程度上抑制劳动者的收入，进而控制消费，降低经济过热的风险；经济形势差的时候，失业率大幅上升，这笔在经济繁荣时期提留的失业保险基金，就可以支付给失业者以维持其基本生活水平，也有助于提升消费，刺激总需求和经济恢复。

（3）促进功能。失业保险不仅是给失业者发放失业保险金，更重要的是能增强失业保险机构对职业培训、职业介绍的重视，加强就业信息的有效沟通和对再就业的直接推动。对失业人员的培训教育，能提升其自身素质，提高其在社会中的竞争能力，为失业人员提供的职业介绍等相关服务，可以促使其尽快重新就业。失业保险的促进功能越来越突出，通过加大再就业培训支出的比重、建立就业导向的机制可以促进失业者的再就业。

（4）合理配置劳动力功能。一是由于失业保险的存在，失业者在寻找新的就业岗位时获得了经济保障，免除了后顾之忧，失业者也就有条件尽可能寻找与自己的兴趣、能力相符合的工作岗位，从而有利于劳动力的合理配置；二是由于失业保险的存在，用人单位减轻了向外排斥冗员的经济、社会两方面的压力，有利于单位制定理性的用人决策，也更有利于劳动力的合理配置。

（四）失业保险的发展历程

19 世纪中叶，随着工业化的发展，失业问题越来越严重，工友之间的互助共济已经难以解决失业问题。失业工人生存艰难，社会稳定受到威胁，各国政府开始关注失业问题。虽然有国家以失业保险的形式资助失业者，但世界范围内失业保险制度的真正建立是以 1905 年法国颁布的专门的失业保险法为标志的，这是一种非强制性的失业保险制度。此后，挪威和丹麦也分别于 1906 年、1907 年建立了非强制性的失业保险制度。

1911 年英国政府颁布了《国民保险条例》，这是世界上第一个强制性的失业保险制度。自此，各国纷纷效仿，意大利、奥地利、瑞士、保加利亚、德国、西班牙等国陆续建立起了强制性的失业保险制度。1920 年国际劳工组织召开第一届大会，通过了《关于失业的建议》，这表明以制度化方式分散失业风险已在很大范围内达成共识。

20 世纪 30 年代初，世界经济危机造成大规模失业。危机中失业保险发挥了保障生活、社会稳定的功能，得到了广泛的社会认可和肯定。大危机后，失业保险制度在工业化国家普遍建立起来。

20 世纪 70 年代末，世界经济增长速度趋缓，面临“滞涨”和居高不下的失业率，发达国家开始对失业保险制度进行改革，失业保险被赋予了促进就业的功能。进入 90 年代，失业保险制度改革的定位更加清晰，建设成了物质补助与就业导向相结合的失业保险制度。至今，失业保险已在帮助失业者提高劳动技能、促使失业者尽快就业等方面发挥了重要作用。

二、失业保险制度的主要内容

（一）覆盖范围

在市场经济中，每个人都可能面临失业风险。因此，社会经济活动中所有的劳动者都应该被失业保险覆盖。但是，在失业保险建立初期，失业保险覆盖对象仅限于有一定规模、稳定性较强的单位的工薪阶层劳动者，而一些临时工、季节工、手工业者、从事小商业及家庭小农经济等的劳动者，以及国家公务员等则被排除在外。后来，随着社会经济的发展，以及各国对于失业的看法的转变，失业保险的覆盖范围不断扩大。

纵观各国的失业保险都是经历了从覆盖职业比较稳定的工薪阶层的劳动者向覆盖一些“非正规部门”劳动者的转变，如将家庭雇工、公务员、灵活就业人员等包含进来。例如日本规定失业保险覆盖一些行业和所有规模的企事业单位，但农、林、水产业暂时可以自愿加入。失业保险的覆盖范围往往反映了一个国家的经济发展水平、价值取向等，不同国家的失业保险覆盖范围是有差别的，有的国家的失业保险覆盖了所有劳动年龄人口。

（二）资金来源

失业保险基金的主要来源有三条渠道：雇主缴费、雇员缴费和政府财政补贴。不同的国家在失业保险基金的分担方式上不同。

1. 三方负担模式

三方负担是世界范围内较为流行的资金筹集模式。主要指的是雇主、雇员和政府三方共同缴纳失业保险，具体的负担比例依各国政策而定。主要代表国家为德国、日本、丹麦、瑞典等国家。

2. 双方负担模式

双方负担的模式在实施上一般分为政府和雇主双方负担、雇主和雇员双方负担两种方式。如美国大部分州、意大利、埃及等失业保险费由政府和雇主双方负担，个人不缴费；法国、荷兰、希腊等国失业保险费由雇主和雇员双方负担。

3. 单方负担模式

失业保险基金单方负担模式在各国实践中主要有政府单方负担、雇主单方负担、被保险人单方负担三种模式。

采用政府单方负担模式的国家有英国、澳大利亚、智利等国；采用雇主单方负担的国家有印度尼西亚、阿根廷等国。

（三）筹资方法与缴费比例

1. 筹资方法

失业保险基金的筹集方法主要有三种：一是征收失业保险税；二是按一定的工资比例征收失业保险费，这种方式一般设定了失业保险征收的起始标准和最高标准；三是按固定金额征收，即无论参保人收入高低，均按固定金额征收。总体而言，失业保险基金的筹集方法与社会保险基金筹集办法是保持一致的。

2. 缴费比例

要确定失业保险的缴费比例，就要对一个国家经济的周期性变化，失业保险的压力、负担进行测算，确定每个劳动者的负担金额，然后再确定该金额在政府、雇主、雇员之间的分配，根据社会平均工资水平，折算成一定比例。由于失业保险的周期性特征，缴费比例应随着经济周期的变化做出相应调整，以避免出现失业保险基金收支赤字。

（四）享受资格与待遇支付

1. 享受资格

失业保险的目标是维持失业者失业期间的基本生活水平，帮助其重返工作岗位，但在进行给付设计时既要考虑到该目标，又要避免养懒汉行为的发生。因此，各国都严格规定了失业保险金的领取条件，虽然各国规定的条件不尽相同，但大致都包含以下几点：

（1）处在劳动年龄并具备工作能力。享受失业保险金的人员必须在国家法定的劳动年龄范围内。各国都对法定劳动年龄做了明确规定，未在法定年龄区间的人不存在就业问题，更无从谈失业。

并非所有处在劳动年龄的人都具备劳动能力，劳动能力是人进行生产活动的能力，包括体力和脑力两个方面。劳动行为能力丧失者意味着不再具有劳动的能力，也就不属于失业保险金的覆盖范围，如机体损伤导致生活不能自理的人员等。一些虽处在法定劳动年龄，但是正在学校读书、在军队服役、犯人等也不属于失业的范畴。

（2）非自愿失业。失业者必须是非故意即不是自己自愿放弃工作岗位的，而是非主观原因造成的失业。因本人过失而被搁置者不属于非自愿失业。

（3）有就业意愿。失业后必须在职业介绍机构或失业保险机构进行求职登记、办理相关手续、参加培训，不应无理由拒绝职业介绍所提供的合适就业机会等。

（4）依法履行了被保险人义务。失业者必须在失业前就参加了失业保险并履行了相应的缴费义务（一般各国都规定有最低缴费期限）。

失业者只有完全达到上述条件，才有资格享受失业保险待遇。

2. 待遇支付

失业保险金的给付既要确保失业者的基本生活和促进就业，又要避免对在职者和失业者再就业产生负面影响，就必须要考虑给付标准的设置。标准不能过高也不能过低，过高导致失业者消极再就业；过低难以保障其基本生活水平。因此各国在失业保险金给付时一般考虑能够保障失业者及其家属的基本生活、待遇水平低于失业者原工资水平，权利与义务相结合等原则。

在具体的给付方法上有：

①薪资比例制，即与失业者失业前的工资水平相联系。②均一制，即对所有符合条件的失业者支付同等水平的失业保险金。③混合给付制，部分国家的失业保险金一部分统一按平均工资水平支付，另一部分按工资比例发给，并将两者相结合。④以最低工资为基数，决定失业保险金的支付水平。⑤最低生活保障标准，以最低生活保障标准为基数决定失业保险金的支付水平。

我国的失业津贴，按照低于当地最低工资标准、高于城市居民最低生活保障标准的水平确定。失业津贴有上限和下限规定，下限一般以最低生活标准为参考，略高于贫困线水平。一些国家对失业津贴的工资基数有最高限额规定，或对给付失业津贴的最高数额有限制。

3. 失业津贴给付期限

失业的暂时性和阶段性决定了失业保险不可能像养老、工伤保险那样无限或长期支付，而是根据失业者的平均失业时间确定一个给付期限，给付期限包括等待期和给付期。

（1）失业保险等待期。失业保险等待期，是指合格失业者登记后并不能立即获取失业津贴，而是需要等一段时间之后才能领取到失业保险金，等待期限的长短取决于各国所实行的就业政策，以及失业保险基金的规模和财政状况，如瑞士 2 天，英国 3 天，加拿大 14 天等。当然也有部分国家不设置等待期，如丹麦、法国、德国、中国等国的失业时间及津贴从登记之日起算。

（2）失业保险给付期。国际劳工组织 44 号公约（《失业补贴公约》）规定，无论是按收入津贴还是补助，给付期应为每年至少 156 个工作日，在任何情况下不得少于 78 个工作日，支付最长期限各国的要求不同，有的国家甚至长达两年。各国还根据以下两种方式将失业津贴的给付期限分为几个档次：一种是将最长给付期限与参加失业保险时间的长短对应起来；另一种是将最长给付期与失业时间的长短联系起来，如德国在 20 世纪 70 年代规定，失业期长达 12 个月的失业者，有权获取 4 个月的失业津贴。

除此之外，有些国家将失业保险的给付期与失业率相联系，视失业严重程度做出调整，还有些国家对大量失业者规定更长的给付期。

第二节　中国的失业保险制度

改革开放以后，面对新出现的失业问题，中国政府不仅顺应了将失业保险制度当作解决失业问题的重要手段这一潮流，而且还赋予了失业保险推进国有企业改革的任务。我国自 1986 年建立失业保险制度至今，已经形成失业预防、失业物质保障与促进就业的全方位的失业保障体系。

一、中国失业保险制度的发展历程

（一）失业救济制度阶段

新中国成立初期，有400多万失业人员，问题严峻。为此，劳动部发布了《救济失业工人暂行办法》，对失业人员进行妥善安置。进入计划经济时期，我国实行“统包分配”“安置就业”的劳动用工制度，企业缺少用人的自主权，劳动者没有失业之忧，失业救济制度逐渐淡出，失业保险也就没有了存在的必要。

20世纪70年代末至90年代中后期，我国城镇出现了大批待业人员。第一类待业人员为“待业青年”，大批下乡知识青年返城，积淀了多年的失业问题顷刻暴露出来，“统包分配”“安置就业”的政策受到挑战，传统的就业保障制度已经无法回避也无力解决他们的就业问题。第二类待业人员为“待业职工”，即由于企业改革和劳动制度改革而失去原有工作岗位的职工，他们曾是家庭收入的主要承担者，一旦失去收入来源，对家庭的影响更大，对这部分人员除了要积极促进就业，还应给予物质保障。随着经济体制改革，企业迫切要求改革统包统配的固定用工制，这就促成了我国待业保险制度的产生。

（二）失业保险制度的建立与发展

1986年7月，国务院颁布了《国营企业职工待业保险暂行规定》，初步建立起了我国的失业保险制度。

1993年国务院又颁布了《国有企业职工待业保险规定》，该规定扩大了失业保险的覆盖范围；改变了失业救济金的计算办法，由按本人工资的一定比例计发改为按社会救济金的120%~150%计发；增加了救济的内容；增加了失业保险与再就业服务结合的内容。但该规定在制度属性、适用范围、机制创新方面较之前并未取得实质性突破。

1999年1月，国务院正式颁布《失业保险条例》（国务院第258号令），该条例与国际接轨，改“待业”为“失业”。失业保险的覆盖范围扩大到城镇企事业单位职工；失业保险基金由国家、企事业单位、职工个人三方负担；同时还对保险基金筹集、使用等做了调整。相较于1993年的《国有企业职工待业保险规定》，该条例进行了全面、根本性的、创新性的制度改革。

与此同时，国务院还颁布了《社会保险费征缴暂行条例》，主管部委下发了关于失业保险金申领发放和失业保险统计制度，以及事业单位参加失业保险和调整基金支出结构的有关规章，我国的失业保险制度开始走向规范化。

党的十八大提出增强失业保险对促进就业的作用；党的十八届三中全会强调增强失业保险制度预防失业、促进就业的功能；党的十九大在加强社会保障体系建设的总体框架下，要求完善失业保险制度。这些部署为构建中国特色的失业保险制度指明了方向，也是未来几年失业保险工作的着力点。

二、中国失业保险制度的主要内容

我国现行的失业保险制度的法律依据主要是1999年1月国务院颁布的《失业保险条例》和2011年7月1日施行的《中华人民共和国社会保险法》，一些与失业相关的文件和意见也为失业保险的实施提供了依据。

（一）覆盖范围

我国失业保险的覆盖范围包括城镇企事业单位及其职工，城镇企事业单位包括国有企业、城镇集体企业、外商投资企业、城镇私营企业以及其他城镇企业、事业单位。

（二）缴费办法

企事业单位的缴费率规定为企业职工工资总额的 2%，职工按照本人工资的 1%缴纳失业保险费。城镇企事业单位招用的农民合同制工人本人不缴纳失业保险费。2014 年 11 月，人力资源和社会保障部、财政部、国家发展改革委、工信部联合印发《关于失业保险支持企业稳定岗位有关问题的通知》提出，对不裁员或者少裁员以稳定职工队伍的企业，在满足特定的前提条件下，由失业保险基金给予岗位补贴。

（三）享受资格与待遇支付

1. 资格条件

具备以下条件的失业人员，可以领取失业保险金：

①按照国家规定参加失业保险，所在单位和本人已按照规定缴费满 1 年的；②非因本人意愿中断就业，即失业人员不愿意中断就业，但因本人无法控制的原因而被迫中断就业的；③已办理失业登记，并有求职要求的。

满足以上条件的失业人员在一定期限内到失业保险业务机构办理申领手续，一旦超过了规定期限（一般为 60 天）便不予受理。

2. 失业待遇停止发放的情形

2011 年 7 月 1 日施行的《中华人民共和国社会保险法》第五十一条规定：失业人员在领取失业保险金期间有下列情形之一的，停止领取失业保险金，并同时停止享受其他失业保险待遇：①重新就业的；②应征服兵役的；③移居境外的；④享受基本养老保险待遇的；⑤无正当理由，拒不接受当地人民政府指定部门或者机构介绍的适当工作或者提供的培训的。

3. 待遇支付

（1）失业保险的给付期限

失业保险金的发放期限根据失业人员的累计缴费时间确定。缴费时间按照两个原则予以确定：实行个人缴纳失业保险费前，按国家规定计算的工龄视同缴费年限，与《失业保险条例》发布后缴纳失业保险费的时间合并计算；失业人员在领取失业保险金期间重新就业后再次失业的，缴费时间重新计算。

失业保险的支付期限与缴费时间长短挂钩，最长支付期限为 24 个月。失业人员失业前累计缴费时间满 1 年不满 5 年的，最长可领取 12 个月的失业保险金；累计缴费时间满 5 年不满 10 年的，领取失业保险金的期限为 18 个月；累计缴费时间 10 年以上的，领取失业保险金的期限为 24 个月。重新就业后，再次失业的，缴费时间重新计算。领取失业保险金期限可以与前次失业应领取尚未领取的失业保险金的期限合并计算，但是最长不得超过 24 个月。

对于单位招用的农民合同制工人，连续工作满 1 年，本单位已缴纳失业保险费，劳动合同期满未续订或者提前解除劳动合同的，由社会保险经办机构根据其工作时间长短，对其支付一次性生活补助。

（2）失业保险的给付标准

失业保险待遇由失业保险金、医疗补助金、丧葬补助金和抚恤金、职业培训和职业介绍补贴等构成。失业保险待遇中最主要的是失业保险金，失业人员只有在领取失业保险金期间才能享受到其他各项待遇。

失业保险金的给付标准按照低于当地最低工资标准、高于城市居民最低生活保障标准的水平，由省、自治区、直辖市人民政府确定。失业保障期满后，失业人员还没有找到工作，如果失业人员符合城市居民最低生活保障条件的，按照规定享受城市居民最低生活保障待遇。

失业人员在领取失业保险金期间，应按规定参加职工医疗保险，由参保地失业保险经办机构统一办理职工医保参保缴费手续，应缴纳的医保费从失业保险基金中支付，个人不缴费。领取失业保险金人员自愿参加职工医保，当月起享受相应的住院和门诊医疗保险待遇。

三、中国失业预防、就业促进与失业救助

我国的失业保险制度自建立至今已经成为社会保险制度的重要内容，在保障家庭基本生活水平、调节收入差距、维护社会稳定、促进社会和谐方面发挥了重大作用。但是，失业保险的物质保障功能还不能很好地应对当代社会严重的失业问题，失业保险还应体现出失业预防、促进就业的重要功能。

（一）失业预防

按照国务院对发挥失业保险功能的要求，我国前后出台了诸多稳定就业岗位、预防失业的举措。2014 年 11 月，人力资源社会保障部、财政部、国家发展和改革委员会、工业和信息化部联合发布《关于失业保险支持企业稳定岗位有关问题的通知》。2015 年，国务院印发《国务院关于进一步做好新形势下就业创业工作的意见》，将失业保险基金支持企业稳岗政策实施范围扩大到所有符合条件的企业。

2019 年 3 月，人力资源社会保障部、财政部、国家发展和改革委员会、工业和信息化部联合发布《关于失业保险支持企业稳定就业岗位的通知》，规定 2019 年 1 月 1 日至 12 月 31 日，对面临暂时性生产经营困难且恢复有望、坚持不裁员或少裁员的参保企业，可返还其上年度实际缴纳失业保险的 50%。返还标准可按 6 个月的当地月人均失业保险金和参保职工人数确定，或按 6 个月的企业及其职工应缴纳社会保险费 50% 的标准确定。

2020 年受“新冠疫情”影响，很多地区还在以上通知和意见的基础上发布了多举措保持就业局势的失业预防政策。如 2020 年 7 月青海省人社厅发布《关于进一步做好失业保险支持企业稳定就业岗位工作的通知》，明确 2020 年 1 月 1 日至 12 月 31 日，对受疫情影响出现暂时性生产经营困难且恢复有望、坚持不裁员或少裁员的交通运输、餐饮、住宿、旅游四大类参保企业，放宽稳岗返还申领条件，返还标准按 6 个月的青海省月失业保险金和上年末实际参保缴费职工人数确定。同时，对不裁员或少裁员的中小微企业，稳岗返还标准提高至企业及其职工上年度缴纳失业保险费的 100%。此外其他省份也针对性地提出了稳岗返还措施。

（二）就业促进

2007 年颁布的《中华人民共和国就业促进法》，是我国首次以法律形式规定公共就业服务的基本性质和作用，明确了县级以上人民政府建立健全公共就业服务体系，设立公共就业服务机构，为劳动者免费提供就业政策法规咨询，发布职业供求信息、市场工资指导价位信息和职业培训信息，提供职业指导和职业介绍，对就业困难人员实施就业援助，办理就业登记、失业登记以及提供其他公共就业服务。

自就业促进法实施至今，我国已经形成了就业扶助、公共就业服务、职业教育和培训、就业援助为一体的全方位的促进就业的基本措施，以提供就业信息，就业服务和就业、创业资金补助补贴的形式促进就业。

我国通过各项政策促进就业，培养劳动者的新知识、新技能，提高劳动者职业适应力、综合竞争力，开发人力资源，确保经济稳定增长。

（三）失业救助

除失业保险外，包含我国在内世界各国普遍建立起了失业救助制度。失业救助是指公民因失业而生计困难时，由国家和社会提供的维持最低生活水平的资金和物资的救助项目。它与失业保险配套实施，在失业者失业保险期满，但仍未找到工作时，失业救助开始发挥作用。失业救助的内容主要包括物质救助、精神救助、技能救助等方面。失业救助的实施对贫困者脱贫有重要作用，解决陷入贫困的失业人员困难的最理想途径是再就业，要把失业救助和促进就业相结合，在给予失业补贴基础上，更应注重就业培训、职业介绍等，从根本上帮助其摆脱失业或者贫困，即失业或贫困问题的解决必须落实到个人或家庭的就业问题上来。

党的十一届三中全会后，我国推出并不断完善了失业保险制度，启动了失业预防、就业促进的多渠道就业保障体系，在保障失业人员基本生活、缓解就业压力、促进就业方面起到了积极的作用。尽管这样，我国的失业保险制度还存在着如覆盖面较窄、收益率或替代率过低、灵活就业人员以及农民工和大学生就业保障不足、失业预防和促进就业的功能还有待加强等问题。这就为我国就业保障制度的发展与完善提出了要求。如何发挥好我国的失业保险预警预报作用，以及更好地发挥失业保险制度的整体功能，还有待于我们继续努力。

思考题：

1. 什么是失业和失业保险？
2. 如何理解“适度的失业在市场经济发展中是必要的”这句话？
3. 失业保险制度包含哪些基本内容？
4. 如何完善我国的失业保险制度？

第七章 工伤保险

第一节 工伤保险概述

一、工伤保险的定义与实施原则

（一）工伤保险的定义

工伤保险是指劳动者在工作中或在规定的特殊情况下，遭受意外伤害或患职业病导致暂时或永久丧失劳动能力以及死亡时，劳动者或其遗属从国家和社会获得物质帮助的一种社会保险制度。这种补偿既包括医疗、康复所需费用，也包括保障基本生活的费用。工伤保险保障了受伤害职工的合法权益，有利于妥善处理事故和恢复生产，维护正常的生产、生活秩序，维护社会安定。

（二）工伤保险的实施原则

虽然各国实施的工伤保险制度的具体内容有所不同，但是都普遍遵循以下原则：

1. “无过失补偿”原则

“无过失补偿”原则又称“无责任补偿”原则或“补偿不追究过失”原则，即工伤事故或者职业病发生后，无论企业或雇主是否有过错，或是职工本人的过错，只要不是劳动者本人故意所为，均按照法律规定的标准支付劳动者相应的工伤保险待遇。

这是工伤保险应遵循的首要原则，有利于劳动者在工伤发生后得到及时的治疗和经济补偿。该原则不影响事故责任的追究，通过深究事故责任，分析事故原因，以便吸取教训，降低事故发生率。

2. 个人不缴费原则

工伤保险费由企业（雇主）缴纳，职工个人不缴纳任何费用。原因在于工伤的发生，意味着劳动者在创造物质财富的同时，又付出了鲜血甚至生命的代价，因此工伤保险待遇带有“劳动力修复与再生产投入”的性质，属于企业生产成本的特殊组成部分，所以个人不缴费已成为各国的共识。

3. 区别待遇原则

工伤由职业风险造成，工伤保险待遇具有损害赔偿性质，其医疗待遇、康复待遇、伤残待遇和死亡抚恤待遇等均比其他的社会保险项目的待遇更为优厚。工伤享受的资格条件不受年龄和缴费合格期的限制。

因病或非因工伤亡与劳动过程无直接关系，因此其待遇水平应该低于工伤保险待遇，享受的资格条件受到年龄和缴费合格期的限制。对“因工”与“非因工”的区分是建立工伤保险制度的前提和出发点。

4. 以直接经济损失为限额原则

工伤补偿主要是对遭受工伤者的直接经济损失进行赔偿，这是从维持劳动力再生产的角度出发的。直接经济损失是指劳动者因遭遇到工伤保险认定的伤害而造成的与其“第一职业”标准工资收入相关的损失，以及为消除伤害后果所需的必要的额外开支。至于由于工伤造成经济上的间接收入损失，如兼职收入、业余劳动收入等，这部分收入并非人人都有，是不固定收入，难以核定，不具普遍性，因此一般不予赔偿。

5. 工伤保险与工伤预防康复相结合原则

工伤保险最主要的任务是工伤赔偿，同时也强调事故预防和事后对工伤者进行医疗和职业康复，帮助劳动者重新走上工作岗位，形成一条龙的社会化服务体系。

二、工伤保险的意义

（一）人类文明和社会发展的标志和成果

工伤保险作为社会保险制度的一个组成部分，是国家通过立法强制实施的，是国家对职工履行的社会责任，也是职工应该享受的基本权利。工伤保险的实施是人类文明和社会发展的标志和成果。

（二）保障职工基本生活，提高其生产积极性

实行工伤保险保障了工伤职工的医疗以及其基本生活，伤残抚恤和遗属抚恤在一定程度上解除了职工和家属的后顾之忧。工伤补偿体现出国家和社会对职工的尊重，有利于提高他们的生产积极性。

（三）促进企业安全生产

建立工伤保险有利于促进安全生产，保护和发展社会生产力。工伤保险与生产单位改善劳动条件、防病防伤、安全教育、医疗康复、社会服务等工作紧密相连。工伤保险对提高生产经营单位和职工的安全生产意识，防止或减少工伤、职业病，保护职工的身体健康至关重要。

（四）维护社会稳定

工伤保险保障了受伤害职工的合法权益，有利于妥善处理事故和恢复生产，维护正常的生产、生活秩序，维护社会安定。

三、工伤保险制度的发展历程

工伤保险制度作为一项较早立法的社会保障制度，是大机器工业的副产品。工伤保险制度的确立，经过了从雇主责任阶段向社会保险阶段发展的历程。

（一）雇员个人承担责任阶段

资本主义早期，劳动者在工作中受到职业伤害的一切后果由其本人承担，这就是劳动者个人承担责任原则。这种理论是以18世纪英国著名经济学家亚当·斯密的“风险承担理论”为依据的，该理论认为工人理应负担其在工作过程中因发生职业伤害事故而遭受的一切损失，这也成为雇主推卸工伤责任的理论依据。

（二）雇主过失承担责任阶段

机器化生产带来的工伤事故和职业病日益增多，给劳动者的身心健康及生活带来极大影响。伴随着工人运动的发展，工人为了获得工伤赔偿，开始出现雇员因工伤索赔而起诉雇主的案件。这种赔偿依据的是民事赔偿法律，是通过法院裁决实现的。工伤事故受害人只有证明工伤是由于雇主的过失造成的，法院才能判决雇主给予赔偿。实际上这样的证明是很困难的，在安全生产的法定标准不健全的情况下，工人受到职业伤害的后果几乎都由自己承担。

（三）雇主无过失承担责任阶段

19世纪末，随着工人阶级斗争的胜利和社会文明的进步，德国、法国、英国等国普遍认同了“无过失责任”原则和“职业危害”原则。即凡是使用机器或雇员体力从事经济活动的雇主或机构，就有可能造成雇员受到职业方面的伤害，事故无论是由于雇主的疏忽还是由于受伤害者的同事或本人粗心造成的，都应由雇主进行赔偿，赔偿金应该是企业所承担的一部分管理费用。

无过失责任原则和职业危险原则应用于工伤领域，代表着雇主无过失责任制的开始。雇主无过失责任阶段的工伤赔付有雇主自保和向商业公司投保两种情况。第一种情况是受伤害者或遗属直接向雇主要求索赔；另一种是雇主为雇员的职业伤害向私人保险公司投保，私人保险公司向雇主征收伤害保险费，保险费通常是根据各企业和各产业部门的工伤事故发生的概率确定的，保险费差别可能很大。

雇主无过失补偿虽然是工业领域的进步，但是雇主可能面临欠债、破产而失去责任能力，劳动者则失去了接受赔偿的可能。商业保险公司介入工伤保险也存在很大局限性，多数情况下私营保险公司会拒绝职业危险性很大的企业雇主和员工参保，在支付时又想尽办法降低给付标准，尽可能逃避责任。

（四）工伤保险制度的建立与完善阶段

原有工伤保险的种种缺陷，促使发达工业化国家寻求更好的保险制度，以解决职业伤害带来的问题。1884年德国通过了《工伤事故保险法》，这是世界上最早建立的工伤保险制度，此后工伤社会保险开始在世界范围内被更多国家采用。这是一部涉及工业事故和职业病及其预防与补偿问题的法规，主要包含事故预防和职业病控制、工伤康复、待遇给付三方面内容。

德国对因事故而伤亡的工人给予补偿后，各国纷纷效仿，建立起了符合自己国家政治、经济、社会机构、文化观念的工伤保险制度。随后，无论是发达国家，还是发展中国家，都十分注重对工伤保险制度的修订与完善。总体而言，工伤保险的覆盖范围不断扩大，工伤认定的标准不断完善，对受害人的医疗救助和职业康复更为关注，并且各国除了关注物质补偿外，越来越重视工伤的事先预防与事后康复服务。

四、工伤保险制度的主要内容

（一）工伤保险的范围

工伤保险的范围包含两个方面的内容，一是工伤事故和职业病的范围；二是受保人的范围。

1. 工伤事故和职业病的认定范围

1952 年国际劳工组织《社会保障最低标准公约》（第 102 号）对职业伤害保险的范围（认定条件）规定如下：①身体受职业病伤害呈疾病状态者；②由于永久或暂时丧失劳动能力而完全或部分失去工资收入者；③由于丧失劳动能力并因此中断工资者；④由于供养者因工死亡而失去生活费来源者。

随着社会经济的发展及生产规模的扩大，工伤保险实施范围由小到大，认定条件逐渐拓宽，经历了项目由少到多、实行的标准由低到高的发展变化过程，如许多国家工伤保险建立初期，只对在企业内部从事生产活动时发生的意外伤害进行赔偿，后发展到将因工作原因造成的职业病包含在内，如今许多国家又将上下班途中发生的交通事故包含在内。由此可见，工伤认定的范围在逐渐扩展、认定条件在逐渐放宽。

其中，职业病源于劳动者所从事的职业本身，特别是在劳动中接触某种有害物质。虽然人们从事任何性质的工作，对身体都或多或少有一定的不良影响，但是职业病是由国家立法规定的，指那些由所从事职业直接带来的、对身体造成较大损害的疾病。

2. 工伤保险的覆盖范围

工伤保险的直接目标就是把范围扩大到所有雇员，但是这个目标即使在最早实施工伤保险的发达国家也没有实现。发展中国家受限于经济和社会条件等因素，工伤立法更无法普及所有的劳动者。但是，总体来看工伤保险的覆盖范围在逐渐扩大，从最初的体力劳动者逐步扩展到脑力劳动者，从正规就业部门扩展到了个体工商户等非正规就业部门，甚至很多国家还逐步将农业劳动者、家庭保姆、家庭教师等纳入工伤保险的覆盖范围。

（二）工伤保险基金筹集

1. 筹集原则

工伤保险基金是工伤保险制度顺利实施的物质保障。工伤保险的待遇水平比其他社会保险项目更优厚，这是由职业伤害的特点所决定的。征收工伤保险基金应遵循“补偿不究过失”和“按风险程度征收”的原则。

（1）工伤是由于工作过程或与工作有关的原因造成的，按照“补偿不究过失”原则，理应由企业或雇主承担全部保险费用，劳动者个人不缴纳工伤保险费已基本成为国际共识。

（2）不同行业、企业的作业环节和操作过程不同，因此面临的工伤事故发生的概率也不一样。如煤矿业等工伤事故频发，而有些行业发生职业伤害的风险较小，因此各国在征收工伤保险费时，一般根据各行业发生工伤事故和职业病的概率确定其危险率，危险等级越高则工伤保险费率往往越高。

2. 费率的确定

工伤保险费由单位按照本企业职工的工资总额的一定比例缴纳。如何合理确定工伤保险的费率是一项复杂的工作，世界各国在费率确定的立法技术上主要有统一费率、差别费率和浮动费率三种确定方式。

（1）统一费率制。即按照法定统筹范围内的预测开支需求，与相同范围内企业的工资总额相比较，计算出一个总的职业伤害保险费率，所有企业都按规定比例缴费。这种方式在最大可能的范围内平均分散职业伤害风险，不考虑行业与企业职业伤害实际风险的差别。目前世界上实行职业伤害保险的国家中，约有30%的国家采用此制度。

（2）差别费率制。即对单个企业或某一行业单独确定职业伤害保险的提缴比例。此种方式的目的是要在职业伤害基金的分担上，体现对不同职业伤害事故发生率的行业、企业实行差别性的负担，以保证该行业、企业职业伤害保险基金的收付平衡，并适当促进其改进劳动安全保护措施，降低职业伤害赔付成本。目前，世界各国实行此种费率者约占40%。当行业差别费率确定后，企业费率还要根据企业具体的风险情况进行调整。费率确定的方式在不同国家有所差异，大致有个别（单独）确定法、集体确定法和统一确定法三种。

单独确定法即一定时期内以单个企业的安全考绩为依据确定费率；集体确定法即以某一行业所有企业的安全考绩为依据确定费率；统一确定法即所有企业确定同一费率，多数国家实行前两种方法。

（3）浮动费率制。浮动费率制是在差别费率制的基础上，每年对各行业或企业的安全卫生状况和职业伤害保险费用支出情况进行分析，根据分析结果，由主管部门决定该行业或企业职业伤害保险费率的上调或下降。

我国的工伤保险实行的是行业差别费率，并根据各用人单位的事故保险基金支付情况及工伤事故的发生频率和严重程度，再实行浮动费率，以此促进企业安全生产。

（三）劳动能力鉴定

劳动能力鉴定是落实工伤待遇的基础和前提条件，是工伤保险管理的重要工作。劳动能力鉴定是指劳动功能障碍程度和生活自理障碍程度的等级鉴定。职工发生工伤，经治疗伤情相对稳定后，存在残疾、影响劳动能力的，应当进行劳动能力鉴定，以此作为给付工伤保险待遇的依据。

被鉴定为完全丧失劳动能力的劳动者，可以享受因工完全丧失劳动能力的退休待遇，并享受一次性伤残补助金，有护理依赖者一般还可以享受护理费。大部分丧失劳动能力者，可以要求企业安排合适工作，若由此造成工资降低则可以要求企业按规定给予补偿，并可享受一次性伤残补助金等。

对于劳动能力的鉴定，目前国际上有两种评价标准：一种是劳动能力测试。按同年龄、同性别健康人群平均劳动能力作为对照标准，评价工伤职工伤残后所具有的劳动能力大小。另一种是致残程度测试。鉴定标准是按器官损伤、功能障碍、医疗依赖三方面将工伤、职业病伤残程度分解为相应等级。

大多数国家都制定了工伤残废等级标准，标准中多涉及耳、鼻、口、神经系统、头面、颈部、胸腹与内脏、躯干、上肢与下肢等部位，依照不同部位的伤残程度划分等级。

（四）工伤保险待遇支付

工伤保险待遇是指职工因工发生暂时或永久人身健康或生命损害的一种补救和补

偿，其作用是使伤残者的医疗、生活有保障，使因工死亡者的遗属的基本生活得到保障。工伤保险待遇的高低，项目的多少，取决于国家或该地区的经济发展水平和人们的社会生活水平。

各国的工伤保险立法中，都明确了工伤保险待遇项目构成。一般来说国外工伤保险制度中的待遇项目主要包含以下几种：

1. 医疗费用

医疗费用主要是指工伤事故发生后对受伤害者的治疗过程所消耗的费用。许多国家都规定了医疗费用的支付标准，如英国的医疗补助按照国民医疗保健的规定提供。医疗费用支出是工伤保险基金支出的重要内容，为受伤害职工的健康恢复提供了保障。

2. 暂时性补助金

暂时性补助金包含暂时性伤残津贴、临时性补贴、病假工资等。如德国在工伤职工参加职业培训和接受职业指导期间发给临时性补贴，直到确认其无法再就业为止；新加坡病假工资包括门诊病假工资（全薪，顶限为 14 天）以及住院病假工资（全薪，顶限为 60 天）。

3. 长期津贴

对永久丧失劳动能力者的补偿，有定期支付的，也有一次性支付的或者两者相结合的，一般在职工伤情稳定、医疗终结后，根据专门的评残委员会评定的残废等级予以支付。如德国以年金的形式终身给付职业伤害导致部分或全部丧失劳动能力的人，伤残程度 100%的发给最高年金，为本人年平均收入的 67%，伤残程度越低领取的年金越少。

4. 遗属补偿

遗属补偿，即抚恤金。各国对遗属的规定略有差别，如英国规定遗属包含受供养的遗孀、鳏夫和子女及其他符合条件的遗属，如父母或其他供养亲属，供养标准视情况而定。

五、工伤预防与工伤康复

工伤保险的最高期待是尽可能减少工伤事故的发生，从而不能只单纯地进行工伤事故事后赔偿，而应当同时加强平时的安全生产管理和工伤预防，并增进事后的康复工作。只有做到事前预防、事故赔偿与康复相结合，才能真正保障劳动者的合法权益。

（一）工伤预防

除了做好企业的职业安全法规、政策、理论宣讲以及改善劳动者劳动环境，增强劳动者安全意识外，还应该充分发挥工伤保险对工伤事故的预防作用。根据行业或单位事故发生概率调整企业下个周期缴费率，可以有效激励企业主动关注安全生产。通过调节基金支付率和加强监管降低事故发生率，以及对受害人提供及时和较为充分的医疗救助，帮助其恢复身体健康和恢复劳动能力成为许多国家的关注点。

（二）工伤康复

现代观念的康复不仅指职工身体的康复即医疗康复，还应包括社会康复、职业康复等方面。

社会康复通常指用社会工作的方法帮助残疾人补偿自身缺陷，克服环境障碍，采取各种有效的措施为残疾人创造一种适合其生存、创造性发展、实现自身价值的环境，使他们平等地参与社会生活、分享社会发展成果。

职业康复是个体化的，是以降低受伤风险、提升工伤职工工作能力、重返工作岗位为目的的一种系统康复服务。通过康复的手段，帮助身体障碍者或伤病者就业或再就业，促进他们参与或重新参与社会。如政府或社区为伤残人士安排进保护性工厂，或代付其恢复职业能力的学费和培训费，或为在家工作的伤残人士提供康复设备等。

第二节 中国的工伤保险制度

中国的工伤保险制度建立于20世纪50年代初。此后，随着我国经济、社会的发展和经济体制、经济结构的改变，工伤保险制度经历了逐步发展和改革的过程，大致可分为建立与发展时期（20世纪50—80年代）、改革探索时期（20世纪90年代）和发展完善时期（进入21世纪以来）三个阶段。

一、中国工伤保险制度的发展历程

（一）建立与发展时期

1951年2月，政务院公布了《中华人民共和国劳动保险条例》（于1953年1月重新修订），这是中国第一部包括工伤保险在内的全国性的社会保险统一法规，是社会保险制度在中国实施的起点，标志着工伤保险制度的初步确立。该法规在工伤保险费的征缴方面确立了雇主责任原则；在待遇给付方式方面，确立了劳动保险基金与雇主分担责任的原则；在工伤待遇方面，包括了医疗和康复待遇、伤残待遇和死亡待遇三大部分，并确立了收入保障与就业保障相结合的原则。

1953年1月，劳动部制定了《中华人民共和国劳动保险条例实施细则》，其中对工伤保险等问题做了较为详细的规定。

1957年2月卫生部颁布了《职业病范围和职业病患者处理办法的规定》，将危害职工健康比较严重的职业中毒、尘肺、职业皮肤病等14种职业病纳入工伤范围，享受因工伤残和死亡的相关待遇。

1966—1976年“文化大革命”期间，工伤保险和整个社会保险体系遭受严重破坏，企业停止提取劳动保险金，工伤保险待遇改在营业外列支，工伤保险由“国家保险”退化为“企业保险”。

1978年5月发布的《国务院关于工人退休、退职的暂行办法》，对退休、退职工伤人员的待遇做了调整。

1987年卫生部、劳动人事部、财政部、全国总工会联合发布的《职业病范围和职业病患者处理办法的规定》，将职业病划分为职业中毒、尘肺、物理因素职业病、职业传染病、职业性皮肤病、职业性眼病、职业性耳鼻喉病、职业性肿瘤和其他疾病九大类，共99种。

综上，20世纪50年代至80年代，工伤保险制度从确立以来，通过不断调整，将工伤保险的范围逐渐从显性的工伤事故扩展到职业病，保险待遇不断提高，真正成为这一时期劳动保险制度中待遇最为优厚的项目。

（二）改革探索时期

1. 改革背景

尽管20世纪50年代起建立起来的工伤保险制度待遇较为优厚，在稳定社会、促进企业安全生产方面起到了重要作用。但是，改革开放以来，尤其是计划经济向市场经济转型过程中，单位的用人制度发生了很大变化，原有的工伤补偿制度的缺陷也逐渐显现出来，如覆盖范围窄、缺乏社会互济和分散风险功能、工伤认定标准模糊、不利于劳动力合理流动等。计划经济体制下建立起来的工伤保险制度已经难以适应社会和经济发展的要求，对工伤保险制度的改革势在必行。

2. 试点阶段

1988年劳动部主持研究社会保险改革方案，形成了工伤保险改革框架，方案调整了工伤保险待遇，建立了丧葬费、抚恤费等制度内容；确立了工伤保险基金社会化管理的“以支定收、略有结余”的原则。

1989年开始在海口市、锦州市、东莞市等部分地区进行试点，并取得了初步成果。试点的主要内容有：扩大了工伤保险覆盖面；适当调整工伤保险待遇；实行差别费率制；建立工伤保险基金；逐步变企业保险为社会保险；建立了工伤保险与工伤预防相结合的机制。

3. 社会统筹阶段

1996年8月，在总结各地试点经验的基础上，劳动部发布了《企业职工工伤保险试行办法》。同年3月，国家技术监督局颁布了《职工工伤与职业病致残程度鉴定》（国标GB/T16180—1996）。这标志着对多年沿用的旧的工伤保险制度开始了一次全面的改革。

《企业职工工伤保险试行办法》是第一部关于工伤保险的专项立法，在我国首次把工伤预防、工伤康复和工伤补偿三项工伤保险的任务结合起来，明确了我国工伤保险制度的主要任务为变企业保险为社会保险；把工伤保险覆盖面扩大到各类企业及全体职工；实行行业差别费率和企业浮动费率等。这些工伤保险改革的重要突破，为工伤保险事业的发展注入了新的活力。但是《企业职工工伤保险试行办法》在施行中还存在着立法层次低、强制力度不够、基金统筹层次低、互助共济能力弱等问题，企业的参保积极性不强。

（三）发展完善时期

2003年4月，国务院第五次常务会议讨论通过了《工伤保险条例》（国务院第375令），该条例的颁布标志着我国新型工伤保险制度的基本确立。制度自实施以来，对维护工伤职工的合法权益、分散用人单位的工伤风险发挥了积极作用。但是其制度仍存在一些问题，如工伤认定范围不合理、工伤鉴定和争议处理程序复杂、工伤认定时间长、补助标准低等，这些问题亟待解决或完善。

2010年12月，国务院颁发586号令，对《工伤保险条例》若干条目进行了修改。新修订的《工伤保险条例》主要改革内容有：①扩大了工伤保险的使用范围；②调整了工伤认定的范围；③减少了用人单位支付的待遇项目，增加了工伤保险基金支出的待遇项目；④简化了工伤认定、鉴定和争议处理的程序；⑤提高了部分工伤待遇标准。

《工伤保险条例》的修改，体现了向劳动者倾斜的立法理念。劳动者在发生工伤后能够得到及时、充分的救助，有利于维护劳动者的健康权利，调动劳动者的生产积极性。

二、中国工伤保险制度的主要内容

（一）覆盖范围

中华人民共和国境内的企业、事业单位、社会团体、民办非企业单位、基金会、律师事务所、会计师事务所等组织和有雇工的个体工商户（以下称“用人单位”）应当依照《工伤保险条例》的规定参加工伤保险，为本单位全部职工或者雇工（以下称“职工”）缴纳工伤保险费。

中华人民共和国境内的企业、事业单位、社会团体、民办非企业单位、基金会、律师事务所、会计师事务所等组织的职工和个体工商户的雇工，均有依照《工伤保险条例》的规定享受工伤保险待遇的权利。

（二）缴费办法

用人单位应当按时缴纳工伤保险费。职工个人不缴纳工伤保险费。

用人单位缴纳工伤保险费的数额为本单位职工工资总额乘以单位缴费费率之积。

工伤保险费根据以支定收、收支平衡的原则确定费率。工伤保险费率实行行业差别费率和浮动费率制度。国家根据不同行业的工伤风险程度确定行业的差别费率，最终根据每个行业内用人单位的工伤发生情况和工伤保险费使用情况调整用人单位的缴费费率（浮动费率）。

（三）工伤认定

根据2010年修订的《工伤保险条例》，工伤的范围包括七种应该认定为工伤的情形，三种视同工伤的情形；同时还规定了三种不能认定工伤或视同工伤的情形，具体如下：

1. 应当认定为工伤的情形

根据《工伤保险条例》第十四条，职工有下列情形之一的，应当认定为工伤：

（1）在工作时间和工作场所内，因工作原因受到事故伤害的；

（2）工作时间前后在工作场所内，从事与工作有关的预备性或者收尾性工作受到事故伤害的；

（3）在工作时间和工作场所内，因履行工作职责受到暴力等意外伤害的；

（4）患职业病的；

（5）因工外出期间，由于工作原因受到伤害或者发生事故下落不明的；

（6）在上下班途中，受到非本人主要责任的交通事故或者城市轨道交通、客运轮渡、火车事故伤害的；

（7）法律、行政法规规定应当认定为工伤的其他情形。

2. 视同工伤的情形

根据《工伤保险条例》第十五条，职工有下列情形之一的，视同工伤：

（1）在工作时间和工作岗位，突发疾病死亡或者在48小时之内经抢救无效死亡的；

（2）在抢险救灾等维护国家利益、公共利益活动中受到伤害的；

（3）职工原在军队服役，因战、因公负伤致残，已取得革命伤残军人证，到用人单位后旧伤复发的。

职工有前款第（1）项、第（2）项情形的，按照本条例的有关规定享受工伤保险待遇；职工有前款第（3）项情形的，按照本条例的有关规定享受除一次性伤残补助金以外的工伤保险待遇。

3. 不得认定为工伤的情形

根据《工伤保险条例》第十六条，职工符合本条例第十四条、第十五条的规定，但是有下列情形之一的，不得认定为工伤或者视同工伤：

（1）故意犯罪的；

（2）醉酒或者吸毒的；

（3）自残或者自杀的。

4. 工伤认定的程序

根据《工伤保险条例》第十七条，职工发生事故伤害，或者按照职业病防治法规定被诊断、鉴定为职业病，所在单位应当自事故伤害发生之日或者被诊断、鉴定为职业病之日起30日内，向统筹地区社会保险行政部门提出工伤认定申请。遇有特殊情况，经报社会保险行政部门同意，申请时限可以适当延长。

用人单位未按前款规定提出工伤认定申请的，工伤职工或者其近亲属、工会组织在事故伤害发生之日或者被诊断、鉴定为职业病之日起1年内，可以直接向用人单位所在地统筹地区社会保险行政部门提出工伤认定申请。

社会保险行政部门应当自受理工伤认定申请之日起60日内做出工伤认定的决定，并书面通知申请工伤认定的职工或者其近亲属和该职工所在单位。社会保险行政部门对受理的事实清楚、权利义务明确的工伤认定申请，应当在15日内做出工伤认定的决定。

5. 劳动能力鉴定

劳动能力鉴定是指劳动功能障碍程度和生活自理障碍程度的等级鉴定。职工发生工伤，经治疗伤情相对稳定后存在残疾、影响劳动能力的，应当进行劳动能力鉴定。

劳动能力鉴定标准由国务院社会保险行政部门会同国务院卫生行政部门等部门制定。我国现行劳动能力鉴定的标准主要依据2015年1月1日实施的《劳动能力鉴定职工工伤与职业病致残等级》（GB/T16180—2014）。该文件沿用2006年的标准，依然将工伤、职业病伤残程度分为五个门类，10个等级（最重为一级，最轻为十级），并根据伤残的类别和残情的程度划分伤残条目，共列出残情530条。

劳动能力鉴定由用人单位、工伤职工或者其近亲属向设区的市级劳动能力鉴定委员会提出申请，并提供工伤认定决定和职工工伤医疗的有关资料。

各自治区、直辖市劳动能力鉴定委员会和设区的市级劳动能力鉴定委员会分别由省、自治区、直辖市和设区的市级社会保险行政部门、卫生行政部门、工会组织、经办机构代表以及用人单位代表组成。

（四）待遇支付

根据2010年修订的《工伤保险条例》，我国的工伤保险待遇包括了工伤医疗待遇、停工期间工资福利待遇、因工致残和因工死亡待遇四种。

1. 工伤医疗待遇

《工伤保险条例》规定，职工因工作遭受事故伤害或者患职业病进行治疗，享受工伤医疗待遇。医疗待遇包含医疗康复待遇、伤残待遇、辅助器具安装配置、住院治疗期间的伙食补助、到统筹地区以外就医所需交通及食宿费用五部分。

2. 停工留薪期间的工资福利待遇

《工伤保险条例》第三十三条规定，职工因工作遭受事故伤害或者患职业病，需要暂停工作接受工伤医疗的，在停工留薪期内，原工资福利待遇不变，由所在单位按月支付。

停工留薪期一般不超过 12 个月。伤情严重或者情况特殊，经市级劳动能力鉴定委员会确认，可以适当延长，但延长不得超过 12 个月。工伤职工评定伤残等级后，停发原待遇，按照《工伤保险条例》有关规定享受伤残待遇。工伤职工在停工留薪期满后仍需治疗的，继续享受工伤医疗待遇。生活不能自理的工伤职工在停工留薪期需要护理的，由所在单位负责。

3. 因工致残的待遇

（1）生活护理费。工伤职工已经评定伤残等级并经劳动能力鉴定委员会确认需要生活护理的，从工伤保险基金按月支付生活护理费。

生活护理费按照生活完全不能自理、生活大部分不能自理或者生活部分不能自理三个不同等级支付，其标准分别为统筹地区上年度职工月平均工资的 50%、40% 或者 30%。

（2）一次性伤残补助金。《工伤保险条例》规定，职工因工致残被鉴定为一级至十级伤残的，可领取一次性伤残补助金，标准为：一级伤残为 27 个月的本人工资，二级伤残为 25 个月的本人工资，三级伤残为 23 个月的本人工资，四级伤残为 21 个月的本人工资，五级伤残为 18 个月的本人工资，六级伤残为 16 个月的本人工资，七级伤残为 13 个月的本人工资，八级伤残为 11 个月的本人工资，九级伤残为 9 个月的本人工资，十级伤残为 7 个月的本人工资。

（3）伤残津贴。伤残津贴待遇是指工伤职工完全丧失或者大部分丧失劳动能力时，由社会保险机构或用人单位为保障其基本生活，按月支付的保障待遇。这项待遇支付到工伤职工退休年龄或未到退休年龄而死亡为止。职工因工致残被鉴定为一级至四级伤残的，属于完全丧失劳动能力，应使其退出工作岗位，以工伤保险基金按月支付伤残津贴，标准为：一级伤残为本人工资的 90%，二级伤残为本人工资的 85%，三级伤残为本人工资的 80%，四级伤残为本人工资的 75%，伤残津贴实际金额低于当地最低工资标准的，由工伤保险基金补足差额。五到六级伤残的属大部分丧失劳动能力，保留与用人单位的劳动关系，由用人单位安排适当工作。难以安排工作的，由用人单位按月发给伤残津贴，标准为：五级伤残为本人工资的 70%，六级伤残为本人工资的 60%，并由用人单位按照规定为其缴纳应缴纳的各项社会保险费。伤残津贴实际金额低于当地最低工资标准的，由用人单位补足差额。

工伤职工达到退休年龄并办理退休手续后，停发伤残津贴，按照国家有关规定享受基本养老保险待遇。基本养老保险待遇低于伤残津贴的，由工伤保险基金补足差额。

（4）一次性工伤医疗补助金和一次性伤残就业补助金。《工伤保险条例》第三十六条规定，职工因工致残被鉴定为五级、六级伤残的，经工伤职工本人提出，该职工可以与用人单位解除或者终止劳动关系，由工伤保险基金支付一次性工伤医疗补助金，由用人单位支付一次性伤残就业补助金。第三十七条规定，职工因工致残被鉴定为七级至十级伤残的，劳动、聘用合同期满终止，或者职工本人提出解除劳动、聘用合同的，由工伤保险基金支付一次性工伤医疗补助金，由用人单位支付一次性伤残就业补助金。一次性工伤医疗补助金和一次性伤残就业补助金的具体标准由省、自治区、直辖市人民政府规定。

4. 因工死亡待遇

职工因工死亡，其近亲属按照下列规定从工伤保险基金领取丧葬补助金、供养亲属抚恤金和一次性工亡补助金：

（1）丧葬补助金为6个月的统筹地区上年度职工月平均工资。

（2）供养亲属抚恤金按照职工本人工资的一定比例，发给由因工死亡职工生前提供主要生活来源、无劳动能力的亲属。标准为：配偶每月40%，其他亲属每人每月30%，孤寡老人或者孤儿每人每月在上述标准的基础上增加10%。核定的各供养亲属的抚恤金之和不应高于因工死亡职工生前的工资。供养亲属的具体范围由国务院社会保险行政部门规定。

（3）一次性工亡补助金标准为上一年度全国城镇居民人均可支配收入的20倍。

5. 停止享受工伤保险待遇的情形

根据《工伤保险条例》第四十二条，工伤职工有下列情形之一的，停止享受工伤保险待遇：

（1）丧失享受待遇条件的；

（2）拒不接受劳动能力鉴定的；

（3）拒绝治疗的。

无论是新中国成立初期建立的《劳动保险条例》，还是2003年颁布及2010年修订的《工伤保险条例》，都在工伤保险中包含了补偿救治与康复内容。尤其是改革开放以来，工伤保险制度的内容不断完善，如今对于工伤预防与工伤康复重要性的认识不断加强，形成了较为完善的预防—补偿—康复相结合的“三位一体”的工作思路。目前，我国各省份都规定了严重违反《中华人民共和国安全生产法》和安全生产制度的企业和责任人的惩罚措施，并且投入了大量的基金用于工伤预防工作和奖励企业搞好工伤事故预防；通过立法规定，明确国家和社会对工伤致残人员进行康复救助，帮助残疾人恢复或补偿劳动功能，增强其参与社会生活的能力。

工伤保险最主要的任务是工伤赔偿，同时也强调事故预防和事后对工伤者进行医疗和职业康复，帮助劳动者重新走上工作岗位，形成一条龙的社会化服务体系。这是避免和减少工伤事故和职业病，有效保障职工的生命安全，减少经济损失，促进企业稳定和社会稳定的关键手段。只有将工伤补偿与预防、康复有机结合，才能够促使工伤保险由事后经济补偿向更加积极的综合性安全管理机制转化。

思考题：

1. 工伤保险实施的基本原则有哪些？
2. 工伤保险发展至今经历了哪些发展阶段？
3. 应当认定为工伤、视同工伤的情形有哪些？
4. 不得认定为工伤或者视同工伤的情形有哪些？
5. 我国的工伤保险缴费原则与费率确定的方法是什么？

第八章 社会福利

第一节　社会福利制度概述

一、社会福利及相关概念

（一）福利

福利（welfare）一词在英语中是well和fare意义的结合，well有“好，令人满意”的意思，fare则是“进展，生活”的意思，两者结合就是“美好的或是令人满意的生活”的意思。在汉语中，福利有“幸福和利益”的意思。《后汉书》中有“使奸人擅无穷之福利，而善士挂不赦之罪辜”的说法，其中的福利就是“幸福和利益”的意思。可见，福利无论古今中外都有“幸福、舒适”之义，按其字面理解，通常为改善全体社会成员物质、文化生活，提高其生活质量的代名词。

（二）社会福利

社会福利（social welfare）一词最早见于1941年美国总统罗斯福与英国首相丘吉尔所签订的《大西洋宪章》。关于社会福利，一直存在着不同的定义和解释。西方学者大都将社会福利视为一个包容甚大的概念。1999年由美国社会工作者协会出版的《社会工作百科全书》对社会福利的解释是：“社会福利是一个宽泛的和不准确的词，它经常被定义为旨在对被认识到的社会问题做出反应，或旨在改善弱势群体的状况的‘有组织的活动’‘政府干预’‘政策或项目’……社会福利最好被理解为一种关于公正社会的理念，这个社会为工作和人类的价值提供机会，为其成员提供合理程度的安全，使他们免受匮乏和暴力，保证公正和基于个人价值的评价系统，这一社会在经济上是富于生产性和稳定性的。”总的来说，社会福利是指国家和社会为帮助社会成员改善生活条件，提高自身素质，以适应经济和社会发展需要而实行的制度、采取的措施和举办的事业的统称。社会福利有着丰富的内涵和广泛的外延，即社会福利有广义和狭义之分。

1. 狭义的社会福利

狭义的"社会福利"指为帮助特殊的社会群体、治疗社会病态而提供的社会服务，又称福利服务（welfare services）。可见，狭义社会福利以"弱势群体"或社会边缘群体为对象或案主（client），以传统社会工作（照顾老弱病残等）为主要内容。显然，狭义社会福利是历史的产物。在《济贫法》以及更早的年代，无论是国家还是宗教慈善组织及邻里社区，它们提供的福利主要面向社会弱势群体，即那些无法自立或依赖家庭或社区的人群。植根于此种福利提供方式的理念是：只有当其他支持系统（如家庭和市场）都失效而无法正常发挥作用时，福利提供部门才开始介入。因而，这种服务在社会生活中的作用是"补缺"性的。这种福利制度有暂时性和随意性特征，因而往往具有施舍或慈善的意味。

2. 广义的社会福利

广义的"社会福利"常用于国际比较社会政策的研究和对福利国家的研究中，它是指国家和社会为实现"社会福利"状态所做的各种制度安排，包括国家和社会举办的文化、教育事业，城市居民和职工的住房、医疗，城市和农村社区或企事业单位举办的各类公益事业。狭义的社会福利仅指由国家出资兴办的、以低费或免费形式向一部分需要特殊照顾的社会成员提供物质帮助或服务的一种社会保障制度，主要包括国家、企业或集体兴办的敬老院、幼儿园、福利企业等。与狭义社会福利相比，广义社会福利具有以下几个特征：首先，广义社会福利的对象扩大到了全体公民，强调促进和实现人类的共同福利；其次，社会福利的项目从针对弱势群体的社会救助和社会福利服务扩大到覆盖全体公民的社会保障、就业、住房、教育和医疗等项目；最后，社会福利的提供者也扩大为全社会，即便是在福利国家，政府也不是唯一的福利提供者。

（三）社会保障与社会福利

1. 西方国家的解释

社会福利和社会保障这两个专业术语都是舶来品，前者译自英文的"social welfare"，后者译自英文的"social security"。如前所述，在西方大多数国家和地区，"social welfare"是一个广义的概念，包含为了实现人们的"well being"状态所做的所有努力；与之相对应的"social security"则是一个较小的概念，它的最初意思是指收入补贴（income support）。该术语最早出现于美国1935年的《社会保障法》（*Social Security Act*）中。此后，这一术语被许多国家和相关国际组织接受并使用，并逐渐拓宽了含义，纳入其他类型的收入保护项目。一直致力于全球社会保障制度建设的国际劳工局（Intemational labour office）试图给social security下一个标准的定义："是指社会通过一系列的公共措施对其成员提供的保护，以防止他们由于疾病、妊娠、工伤、失业、残疾、老年及死亡而导致的收入中断或大大降低而遭受经济和社会困窘，对社会成员提供的医疗照顾，及对有儿童的家庭提供的补贴。"目前，social security的核心项目主要包括社会保险、社会救助、社会津贴和其他类型项目，如雇主责任（employer liability）、公积金（provident funds）等。虽然不同国家地区和不同学者对social security有不同的理解和用法，但一般来说，social welfare为促进人类幸福的制度措施，其含义要比social security宽泛和含糊得多。两者的关系即我们所说的"大社会福利，小社会保障"的概念。

2. 中国的解释

我国对“社会福利”和“社会保障”这两个概念的使用是在改革开放后。在学术界，1991 年出版的《中国大百科全书·社会学》中对“社会福利”的定义为：国家和社会为增进社会成员尤其是困难者的社会生活的一种社会制度。1994 年出版的《中国社会工作百科全书》对“社会福利”的解释是：通常被理解为有关改善社会成员物质、文化生活的一切举措。社会保障被定义为包含一切的总称，类似于西方学者所指的社会福利。有学者认为：社会保障是国家和社会通过国民收入的分配和再分配，依法对社会成员的基本生活权利予以保障的社会安全制度；或是指国家和社会根据立法，对因社会和自然等因素造成生活来源中断的社会成员给予一定的物质帮助，从而保障其依法赋予的基本生活权利，维系社会稳定的社会安全制度。社会保障是各种具有经济福利性的、社会化的国民生活保障系统的统称。根据这些定义，社会保障主要包括三个层次：经济保障、服务保障和精神保障，并包含社会保险、社会救助、社会福利和其他各种符合上述定义的社会性保障措施。也就是说，在中国，社会福利的概念比社会保障更小，它仅仅是社会保障体系的一个组成部分，即我国使用的是“大社会保障，小社会福利”的概念。

这种解释与我国政府部门对二者的划分有关。我国政府部门对二者的最常见用法是把社会福利定义为社会保障制度的一个组成部分，即社会保障包括社会保险、社会救助、社会福利、优抚安置和住房保障。依据这一划分，社会福利被定义为主要由民政部负责的专为社会弱者或特殊人群服务的基本生活保障制度，侧重保障弱势群体，强调救济原则。“社会福利是专为社会弱者或特殊人群服务的，为其提供基本的生活保障。”社会福利在内容上主要包括社会福利事业、残疾人就业和社区服务，重点是向孤老残幼等有特殊困难的社会成员提供基本生活保障。而社会保障则遵循国际上较少采用的广义概念。因此，从整体上，社会福利被定义为社会保障制度的一个组成部分。

3. 西方国家与中国对上述两个概念的理解

由上可见，中国对社会福利和社会保障两个概念的界定和理解与西方的观点并不一致，但这并不代表两种不同的观点存在孰优孰劣之分，只是不同的国家根据不同的国情，以及所处的不同历史阶段做出的选择。

在西方，特别是发达国家，大都把“社会福利”当作“社会保障”的同义词。遵循的是“大社会福利”概念，这与西方国家自《济贫法》以来对社会福利制度进行不断改革并逐渐发展成较为成熟的系统有关，同时也是由较高的经济发展水平决定的。

在中国，将社会福利与社会保险、社会救济、社会优抚并列，作为社会保障体系中的一个重要组成部分，在现阶段是约定俗成的概念。在此社会福利的概念遵从中国的惯例，是将其作为社会保障体系中的一个子系统来讨论的。但这并不代表这种观点不会随着时代的变化而变化。在社会主义初级阶段，我国社会的主要矛盾是人民日益增长的物质文化需要同落后的社会生产之间的矛盾。在这个阶段把社会福利的概念狭义化是基于我国经济发展程度不高的现实情况，也有利于更好地服务于困难群体。而随着时代的发展，中国特色社会主义进入新时代，我国社会主要矛盾已经转化为人民日益增长的美好生活需要和不平衡不充分的发展之间的矛盾。在我国经济发展加快，人们生活不断富裕的同时，人们对救济等低层次保障的要求会逐渐减少，而对高层次保障的要求会有所增加，这为我国扩大社会福利的内涵提供了一定的现实基础。

二、社会福利的分类

（一）按社会福利的保障对象分类

按照社会福利的保障对象，可以将社会福利分为未成年人福利、老年人福利、残疾人福利、劳动者福利等。未成年人福利是由政府和社会为各年龄层次的未成年人在就业前提供的福利，包括教育福利、健康福利和生活福利等。老年人福利是由政府和社会为达到法定年龄的老年人提供的各类福利，包括老年人文体娱乐福利、健康保健福利、托老院福利以及长寿老人福利等。残疾人福利是政府和社会以资金、设施和服务等形式为身有残疾的社会成员提供的生产和生活福利，其目的是使残疾人享有与正常人同样的工作和生活条件。残疾人福利主要包括为残疾人举办的特殊职业培训，开办残疾人福利工厂、举办残疾人教育以及为残疾人提供的医疗康复福利等。劳动者福利是政府和社会为劳动者提供的各种工资以外的津贴、物资和设施服务等，包括住房补贴、物价补贴、季节性取暖或消暑补贴，以及供劳动者享用的福利设施等。

（二）按社会福利的具体内容或项目分类

按社会福利的具体内容或项目，可将社会福利分为生活福利、教育福利、医疗卫生福利、文体娱乐福利、住房福利等。生活福利是政府和社会为社会成员提供的直接用于衣食等生活消费方面的福利，包括各种副食品补贴等。教育福利是为受教育者提供的教育设施、教育服务以及义务教育福利等，它是提高社会成员科学文化素质的重要措施。医疗卫生福利是政府和社会为社会成员提供医疗康复设施、医疗卫生服务，以及减免医疗费用等福利。文体娱乐福利是政府和社会以提供文体娱乐设施的方式来实现社会福利的形式，也是一种最为普遍的社会福利形式。住房福利是政府以低房租、低售价、住房补贴等形式向社会成员提供的福利，它的目的是改善居民的居住条件，提高居民的生活水平。

（三）按社会福利的给予形式分类

按照社会福利的给予形式，可以将社会福利分为货币形式、实物形式和服务形式。

货币形式的社会福利是指政府以向居民发放货币津贴的形式实施社会福利，一般被称作社会津贴或社会补贴，它是政府在实施某项新的社会经济政策时，为保证居民能够享受到该项新政策所带来的经济发展成果或是不因新政策的实施而使居民的生活水平下降而向居民发放的一种带有普遍性质的货币津贴。在社会福利的实现形式中，货币形式是一种比较次要的形式，在社会福利体系中发挥辅助作用。

实物形式的社会福利是指政府和社会通过举办各种社会福利事业，向社会提供社会福利设施等实物的形式来体现社会福利待遇，如免费为残疾人提供助听工具等。它是社会福利最主要的实现形式。

服务形式的社会福利是指政府和社会为了解决社会成员的生活困难并使其社会生活更加方便和愉快，而由社会福利组织及其人员以向社会成员提供社会服务的形式来实现社会福利的方式。现实中，社会服务主要通过社区组织和社会福利机构来实现，在物质生活水平逐步提升之后，服务形式的社会福利将会成为越来越重要的福利实现形式。

（四）按社会福利的实施范围分类

按照社会福利的实施范围，可以将社会福利分为社会津贴、职工福利、社会服务。

社会津贴基本等同于前面提到的货币形式的社会福利，如副食品补贴、物价补贴等，起到增强人们对经济政策的承受力的作用。社会津贴的发放范围是法定或政策范围内的公民，在我国城镇化过程中，社会津贴曾作为对城镇居民的特殊待遇，由国家财政拨款支付，但随着我国城乡一体化进程加快，地区间经济发展不平衡问题加重，社会津贴的支付范围也在发生变化，现在多为国家对经济发展落后的地区的补贴，以促进各地经济均衡发展。

职工福利是行业或企业为了求得自身稳定和发展，对全体职工普遍提供的保证一定生活水平和尽力提高生活质量的资金和服务项目。职工福利以业缘关系为重要标志，以就业为前提，享受范围应以本行业或企业为限，但为加强行业或企业的凝聚力，在很多情况下，企业提供资金和服务的范围都扩大到职工家属和退休职工。职工福利的资金来源主要是企业的利润留成，职工福利水平的高低与企业的经营好坏紧密相连。职工福利的资金使用方式有两种：一是直接使用，如职工津贴、退休补贴、家属补贴等都是直接发放到享受对象手中；二是间接使用，如通过提供住房、疗养、集体福利设施间接地为享受对象服务。

社会服务是国家和社会通过社区组织和福利机构为解决人们的实际困难、提高人们的生活质量而有针对性地提供服务与设施的社会福利项目。社会服务带有显著的地缘性，服务对象可以在其居住地就近享受各类服务。社会服务具有针对性，重点服务对象主要包括老人、儿童、残疾人、精神病人、退役军人等，对这些人的服务一般是低价或免费的。社会服务在社会保障体制中可以弥补各种资金保障的不足，通过服务网络使人们的生活质量得到提高。社会服务的资金来源渠道较多，主要有国家财政拨款、社区自筹资金、有偿服务收入、福利企业分配以及社会募捐等，其资金的使用一般是通过举办福利机构和福利设施间接地为享受对象服务。

三、社会福利的特征

（一）社会福利范围的普遍性

社会福利作为国家社会政策的重要方面，为社会成员提供范围广泛的福利项目。它面向广大社会成员，通过学校、医院、娱乐设施、幼儿园、敬老院等福利设施和福利项目，为社会成员提供旨在保障基本生活条件、改善生活质量的物质帮助和服务项目。尽管社会成员享受的社会福利待遇事实上存在差异，但较之于社会保险主要服务于工薪劳动者，社会救济只面向贫困人口和灾民，社会福利范围更具有普遍性。社会成员均能通过社会福利制度获得某种物质帮助和服务照顾。

（二）社会福利的多样性

社会福利体现的是政府干预和社会参与的有机结合。国家作为福利举办的主体但又不包揽，体现依靠社会力量、依靠社区、依靠群众的观念，即“社会福利社会办”。同时社会福利还体现为多层次、多类型、多渠道，既举办包括国家投资的高层次福利，又有依靠社会力量举办的集体福利和社会服务事业等。从举办的方式看，有集中的和分散的，有大型的、中型的、小型的，有单一型的，又有综合型的等，形成资金来源的多渠道。

（三）社会福利的服务性

社会福利与其他社会保障项目相比，更突出地表现在服务性上。社会福利一般通过各种福利机构、福利设施为社会成员提供全面、周详的福利服务。在涉及生、老、病、残、医、食、住、行的方方面面，国家和社会、企业单位都为其提供各种福利性服务，改善社会成员的生活质量。由于社会福利提供的服务与人们的日常生活密不可分，满足了人们的实际需要，并且在提供各类服务的同时，也体现了国家、社会、企业单位对社会成员的关心和照顾，体现了物质保障、服务保障和精神慰藉的有机结合和巨大的社会稳定作用，较之于货币支付行为更具特色。

（四）社会福利资金的单向性

社会福利在资金来源上，具有由国家和社会直接或间接向社会成员提供福利和服务的单向性特征。也就是说，社会成员在社会福利制度面前不存在权利与义务相对应的关系，享受社会福利待遇的社会成员，事先无须承担缴费的义务。

社会福利是国家的福利政策，各国政治经济纲领中都有造福于民的诺言。增进人民福利是我国社会主义生产的根本目的，通过福利事业的实施，改善生存环境，保障人们的基本生活，不断满足人们的物质文化生活需要，提高生活质量，并通过国民收入分配和再分配，缩小社会成员收入差异。

四、社会福利的作用

如果说一般社会保险具有保障劳动者在特殊情况下享受基本生活的功能，那么社会福利的目的则在于提高社会成员的生活水平。社会福利是社会保障体系高层次的社会政策措施，有助于社会经济发展战略目标的实现，有利于社会经济的稳定和发展，能体现社会主义制度的优越性。其作用如下：

（一）有利于提高国民生活质量

任何一项社会保障制度都有保障国民生活质量的作用，但是社会福利还能够进一步提高国民的生活水平，丰富国民的精神文化生活，保证国民的生活水平维持在较高的层次上。这对于社会的稳定是至关重要的，因为随着社会经济的发展，人们对自身生活的丰富和质量的提高都相应地提出了多样化的要求，国家和社会若通过社会福利满足他们多样化的需求，就能使他们对国家和社会产生满足感，最终保证社会的稳定。

（二）有利于调控社会总供求的平衡

社会福利资金主要由国家和企业负担，适度兴办各种社会福利事业和发放各种社会津贴会增加社会货币投放，形成对社会商品和服务的购买力，促使社会总需求上升，有助于刺激社会生产发展、市场商品与服务供给增加，进而促进社会经济发展的良性循环。

（三）有利于发挥社会主义制度的优越性

我国建立在公有制基础上的社会福利事业，不仅要保障社会成员基本生活需要，而且要不断改善和满足人们日益增长的物质文化需要，提高社会生活质量。尤其是对一部分需要特殊照顾的社会成员提供物质帮助和服务，为老幼、残疾人等提供生活、劳动、教育、居住等一系列福利，既体现了人道主义精神，又充分发挥了社会主义制度的优越性。

第二节 员工福利

一、员工福利的概念

员工福利又叫作职工福利、雇员福利等，是指作为劳动者的社会成员在劳动过程中或退休之后享受的福利。广义上的员工福利，既包括国家立法强制实施的法定福利，如社会保险和法定假期等，也包括企事业单位自主实施的非法定福利。狭义的员工福利基本上可以等同于非法定福利。它是企事业单位自主建立的、为满足职工的生活和工作需要，在工资收入之外，向雇员本人及其家属提供的一系列福利项目。其形式多样，操作灵活，既可以是货币津贴，也可以是实物和服务。本书主要介绍几种狭义的员工福利类型。

二、企业年金

（一）企业年金的概念及特点

企业年金作为一种补充性养老保险制度，是企业为员工提供的一种养老金福利。在员工工作期间，通过缴纳一定的保险费和投资运营进行积累，直到退休后才可以领取，是一笔延期支付的工资收入（企业年金作为一种补充性养老保险制度，也是员工福利的一部分，其内容详见第四章第三节，此处不赘述）。我国对企业年金的界定是：企业及其职工在依法参加基本养老保险的基础上，自愿建立的补充养老保险制度。企业年金作为老年收入的一个补充来源，已经成为养老体系中的一个重要支柱。

对于企业年金的性质，可以从两个方面来认识：从宏观角度看，企业年金是整个社会养老保险体系的“第二支柱”，是对国家建立的基本养老保险制度的一个补充。从微观角度来看，企业年金是市场经济体制下企业薪酬福利结构的一部分，是企业用于吸引人才、稳定高素质员工，以提高自己在市场上的竞争力的重要手段，但它不像工资那样即期支付，而是必须在退休后方可领取。因此，工作时间越长、积累资金越多，对员工越有利。对企业年金的所有者——员工来说，企业年金属于私人经济范畴，是私人产品。年金基金在经营中一般独立于公司本身的资金和业务，即使公司破产，员工仍然可以领到企业年金。因此，企业年金还是以民间储蓄为基础的私人养老金。

与基本养老保险制度相比，企业年金具有以下四个特点：

（1）基本养老保险制度一般是政府强制实施的、统一的养老金计划，管理机构的经费纳入财政预算，由政府统一安排，由政府机构进行管理。企业年金计划在大多数国家一般由企业自愿决定是否建立，并自主选择管理和运作方式。

（2）养老金是公共产品，而企业年金属于私人产品。因此，政府对企业年金一般不直接承担责任。政府对企业年金的作用主要表现在立法、税收和监管三个方面。

（3）基本养老保险筹资模式一般采取现收现付制，通过代际赡养来提供养老保障；而企业年金则大多采用积累制，实行个人保障。

（4）基本养老保险基金由政府机构管理和营运，保值增值的手段通常是银行储蓄和购买国债；企业年金主要通过资本市场，如各种金融机构来运作、投资。

（二）企业年金的功能

1. 保障功能

企业年金是公共年金计划的重要补充和扩大，提高了老年人的收入水平。公共年金计划的目的是向所有老年人提供收入补偿，因此是低水平的收入保障。企业年金计划的建立分散了老年收入过低的风险，提高了保障的功能。企业年金是对基本养老金的补充，是第二份老年收入。在工业化国家，企业年金的目标替代率（指劳动者退休时的养老金领取水平与退休前工资收入水平之间的比率）一般为20%~30%，与公共年金合起来可达60%~70%的总替代率水平。

2. 分配功能

企业年金是在工资、奖金、津贴、股权和期权之外，雇主对员工分配的另一个重要手段。工资、股权和期权等属于现期分配范畴，企业年金则属于延期分配范畴。员工不仅关心自己眼前的利益，而且还关心自己未来的长远利益，特别是中老年员工，更加看重退休后的收入分配。因此，企业年金为企业提供了满足不同需求的分配方式。

3. 激励功能

企业年金是提高劳动生产率和增强企业凝聚力的重要手段。企业年金是企业自主创立的，企业多缴一分钱，员工就多享受一份福利。福利越好的企业，越具有吸引力和凝聚力。同时企业年金一般是按照效率原则建立的，工资收入高、工作年限长的员工可以积累更多的养老金，因此有激励员工努力工作的作用。

4. 理财功能

企业年金在个人账户的积累和储蓄过程中，一般会进行投资经营，使基金保值增值。由于雇主比雇员更具有投资经验，通过雇主进行的投资能够帮助员工减少投资风险，扩大投资收益，更容易实现财富保值增值，甚至有可能给员工带来丰厚的经济回报。

（三）企业年金的分配

企业年金根据支付方式可以分为待遇确定型和缴费确定型。待遇确定型通常是指雇主向雇员许诺其退休后能拿到的退休金数额，由精算师依据这一待遇水平计算出每年应缴费的金额，可以由雇主单方缴费，也可以采用雇员承担一定百分比的方式弥补剩余部分。待遇确定型支付方式的优点是收益明确，退休生活有保障，但由于这种计算方式不与物价挂钩，因此灵活性不够。缴费确定型一般先确定缴费比例，由雇主和雇员共同承担或由雇主单独缴费，计入雇员的个人账户，到雇员退休时，根据个人账户中缴费的积累额（包括本金、利息和投资利润等）一次性或定期支取年金。这种计划是完全积累式的，基金通常由保险公司运营。雇员退休时，可以从以下三种方式中选择一种领取：①一次性全部支出，但要缴纳的税率较高；②按月支取，按月纳税，税率较低；③转存入银行，不需纳税。

（四）我国关于企业年金的规定

我国2018年实行的《企业年金办法》规定：企业年金的适用范围，包括所有参加职工基本养老保险的用人单位及其职工。企业年金基金由下列各项组成：①企业缴费；②职工个人缴费；③企业年金基金投资运营收益。基金实行完全积累，为每个参加企业年金的职工建立个人账户。企业年金所需费用由企业和职工个人共同缴纳，企业缴费每年不超过本企业职工工资总额的8%，企业和职工个人缴费合计不超过本企业职工工资总额的12%。职工个人缴费由企业从职工个人工资中代扣代缴。具体所需费用，由企业和职工协商确定。

截至2018年年底，全国建立企业年金的企业达到8.74万户，参加职工2 388万人，基金总额达到1.48万亿元。企业年金"第二支柱"的作用越来越明显。对企业而言，企业年金并不是一项纯粹的养老筹资工具。对于建立企业年金计划的企业来说，在我国现有的社会保障、税收等制度的框架下，企业年金在降低企业成本、激励员工等方面具有优势，是企业提高自身竞争能力、实现人力资源优化配置的良好市场工具。

三、员工住房福利

安居才能乐业，住房福利一直是员工关注的一项重要福利。住房福利一般包括法定福利与补充福利两种形式。法定福利是指国家强制实行，由雇主和雇员共同负担住房账户缴费，形成住房基金，为雇员购买住房提供资金保障的制度。补充性住房福利是指企业根据自身的经营发展情况，除国家法定的住房福利计划之外，自愿建立的用于解决员工住房问题的各项福利计划。

（一）法定住房福利

在我国，住房公积金制度是法定员工住房福利计划的典型代表。住房公积金制度是指各企事业单位面向其城镇在职职工，以对等缴存的方式，为其积累的长期住房储蓄。我国于1999年开始建立职工住房公积金制度，并对《住房公积金管理条例》进行多次修改，至今已形成较为完善的住房公积金制度。

1. 住房公积金的构成

住房公积金由两部分组成，一部分由职工所在单位缴存，另一部分由职工个人缴存。职工个人缴存部分由单位代扣后，连同单位缴存部分一并缴存到住房公积金个人账户内。职工和单位住房公积金的缴存比例均不得低于职工上一年度月平均工资的5%；有条件的城市，可以适当提高缴存比例。具体缴存比例由住房公积金管理委员会拟订，经本级人民政府审核后，报省级人民政府批准。比例的调整由单位和员工双方一同进行，不管实行何种比例，单位和员工的缴费比例都是相同的。

2. 住房公积金的使用

住房公积金实行专款专用，可用于职工购买、建造、大修自住用房等用途。任何单位和个人不得挪作他用。职工有下列情形之一的，可以提取职工住房公积金账户内的存储余额：①购买、建造、翻建、大修自住住房；②离休、退休；③完全丧失劳动能力，并与单位终止劳动关系；④出境定居；⑤偿还购房贷款本息；⑥房租超出家庭工资收入的规定比例。

（二）补充住房福利

1. 现金津贴

现金津贴的主要形式包括由雇主提供的一次性住房补贴和购房配套储蓄。一次性住房补贴用于帮助员工支付购房款或者房屋租金，但是员工如果在合同期满之前离职，须归还雇主发放的住房补贴。购房配套储蓄是指企业为了鼓励员工为购房储蓄，根据员工的购房储蓄额提供配套资金。

2. 实物资助

实物资助主要指的是企业为员工提供宿舍、为员工集资建房或集体购房。企业提供的宿舍一般租金较为低廉，在所有员工特别是新员工的支付能力之内，有的企业也提供免费住宿。住宿地点一般距员工的工作地点较近，方便员工上下班；有的企业在员工内部筹资，加入公司的补贴，形成一笔建房资金，然后委托建筑公司进行福利房建设；还有企业直接与房地产开发商进行谈判集体购房，之后以比较经济的价格出售给员工，满足员工的购房需求。

3. 购房贷款

企业主要以三种形式为员工提供购房贷款：一是由企业在员工向银行贷款的同时为其提供低息或无息的再贷款；二是企业将需要购房贷款的员工组织起来，向银行申请团体抵押款，从而获得较优惠的贷款利息；三是由企业为员工进行抵押担保，帮助员工从银行获得贷款。

4. 非经济支持

除了对员工购房提供的经济类资助外，许多企业还通过以非营利组织为主的第三方机构向员工提供购房培训或咨询等服务。

四、其他员工福利

（一）福利设施

企业为满足员工日常生活所提供的各项福利设施，如员工餐厅、浴室、图书阅览室、健身房、交通车等。这些设施一般建立在企业内部以方便职工，而且基本上是非营利的，以很低的价格或免费方式向员工开放。

（二）文娱福利

企业为促进员工身心健康，丰富员工的精神文化生活而提供的福利，如为员工举办健康教育讲座，为女职工举办妇科保健讲座，组织员工观看文娱节目、演出、音乐会等。

（三）奖励福利

企业激励员工的工作积极性最为常见的为奖励旅游。有的企业为年度业绩最佳的员工提供家庭免费海外旅游的机会，有的企业在春季或秋季举行全体员工的短途旅游。

（四）服务性福利

服务性福利既可以由企业直接向员工提供，也可以由企业委托或联合其他非营利组织为员工提供。服务性福利常见的有：雇员援助计划，该计划是一种治疗性福利措施，针对员工酗酒、赌博、吸毒、家庭暴力或疾病造成的心理压力问题提供服务。尽管这项计划的成本较大，但能帮助员工克服生活困难，提高了生产率，也减少了生产中的意外事故。家庭援助计划，是指向雇员的家庭成员提供照顾的服务性福利，主要照顾员工家中的老人、儿童或病人。企业可以通过弹性工作制，向雇员提供照护信息和咨询服务，补贴或资助家中有需要照护的家庭成员的员工，兴办托儿所、养老院等对员工的家庭进行援助。

第三节　妇女儿童福利

一、妇女福利

（一）妇女社会福利概念

妇女在政治、经济、文化、社会和家庭生活等各方面享有与男子平等的权利，这是男女平等所追求的目标。但是，妇女在生理及心理上有一些与男子相区别的特点，使得她们可能会面临许多特殊的困难，社会应给予特殊的照顾和服务，由此产生了妇女社会福利事业。

（二）妇女福利的内容

1. 生育福利

绝大多数国家对于妇女的福利津贴重点都是围绕生育提供的。生育津贴制度是各国比较通行的做法。我国也按惯例实行带有福利性质的生育津贴制度，生育津贴由生育保险项目支出。

2. 劳动保护与就业福利

保障妇女享有同男子平等的就业权利和享受就业服务的权利，包括实行男女同工同酬，不得歧视妇女，根据女职工怀孕、哺乳、经期等特殊情况合理安排女职工的工种和工作。女职工较多的单位还应提供福利设施和福利服务，如妇女活动中心、咨询服务中心、健美中心、孕妇休息室、哺乳室、托儿所幼儿园等设施，并妥善解决女职工在生理卫生、哺乳、照料婴儿方面的困难。在一些国家和地区，还设有专门的妇女庇护所，为受虐或遭遇特殊困难的妇女提供帮助。

3. 保健福利

妇幼保健机构是依法提供妇女保健服务和保证母亲健康的主渠道，县以上的各级妇幼保健机构负责对管理范围内的各单位进行业务指导。各单位的医疗卫生部门应安排专职或兼职人员负责本单位女职工保健工作，包括月经期保健、婚前保健、孕前保健、孕期保健、产前保健、产后保健、哺乳期保健、更年期保健，并定期对女职工进行妇科疾病的查治。

二、儿童福利

（一）儿童社会福利概念

儿童社会福利是社会福利在特殊群体中的体现。狭义的儿童社会福利是指特定的机构向特殊的儿童群体提供的服务，服务的对象主要是处于不幸境地的儿童，而服务功能倾向于救助、矫治等恢复性功能。广义的儿童社会福利的对象是所有的家庭和儿童，并不单纯局限于处于不利境地需要帮助的儿童群体。现今社会条件下，人们已开始更多地认同广义的儿童社会福利，社会成员人道主义观念的发展，社会经济的发展，使人们对于儿童的情感不再局限于同情，而是开始向尊重其本性靠拢。

（二）儿童社会福利的主要内容

1. 家庭保护

国家通过一系列的立法，对儿童应受到的家庭保护做了规定。保护儿童的生命健康权，父母或者其他监护人应当依法履行对未成年人的监护职责和抚养义务，不得虐待、遗弃未成年人；不得歧视女性未成年人或者有残疾的未成年人；禁止溺婴、弃婴。保护儿童的健康权，父母或者其他监护人应当以健康的思想品行和适当的方法教育未成年人，引导未成年人进行有益身心健康的活动，预防和制止未成年人吸烟、酗酒、流浪以及聚赌、吸毒、卖淫。保护儿童的受教育权，父母或者其他监护人应当尊重未成年人接受教育的权利，必须使适龄未成年人按照规定接受义务教育，不得使在校接受义务教育的未成年人辍学。另外，父母或者其他监护人不得允许或者迫使未成年人结婚，不得为未成年人订立婚约。父母或者其他监护人不履行监护职责或者侵害被监护的未成年人的合法权益的，应当依法承担责任。父母或者其他监护人有前述违法行为经教育不改的，法院可以根据有关人员或者有关单位的申请，撤销其监护的资格，另行确定监护人。

2. 社会保护

隐私保护，任何单位个人不得披露未成年人的个人隐私，不得隐匿、毁弃、擅自开拆未成年人的信件。就业保护，任何组织和个人不得招用未满 16 周岁的未成年人，国家另有规定的除外。若招收了已满 16 周岁不满 18 周岁的未成年人的，须在工种、劳动时间、劳动强度和保护措施方面执行国家有关规定，不得安排其从事过重、有毒、有害的劳动或危险作业。智力成果和荣誉权保护，国家、社会、家庭、学校应为有特殊天赋或者有突出成就的儿童的健康发展创造条件，激发他们的积极性。

3. 医疗卫生福利

卫生部门对儿童实行预防接种制度，积极防治儿童常见病、多发病。加强对传染病防治工作的监督管理和对托儿所、幼儿园卫生保健的业务指导。另外，国家还兴办专为儿童医疗保健服务的儿童医院，或者在全科医院设立儿科，同时开展儿童保健工作，定期进行儿童健康检查、预防接种等，使儿童健康成长。

4. 教育福利

受教育权和发展权是儿童权利的重要组成部分。确保教育机会均等，使每个孩子都能享受到有效地促进其身心和谐发展的良好教育是教育保障的目的。国家设立托儿所、幼儿园，鼓励社会力量兴办哺乳室、托儿所、幼儿园，提倡和支持举办家庭托儿所。幼儿园应当做好保育、教育工作，安排幼儿参加各种安全的集体活动，促进幼儿在体育、智力、品德等方面的和谐发展。凡年满 6 周岁的儿童均应就近接受义务教育。国家对接受义务教育的学生免收学费。对家庭困难的学生，应酌情减免杂费。有条件的地区还可让学生免费享有课本、文具和在校午餐等。

5. 文化福利

建立和完善适合儿童文化生活需要的场所和设施。鼓励社会团体、企事业单位和其他社会组织、公民个人，开展多种形式有利于儿童健康成长的社会活动。博物馆、纪念馆、科技馆、文化馆、影剧院、体育场、动物园、公园等场所应对中小学生有适当的优惠。鼓励新闻、出版、广播、电视、文艺等单位和作家、科学家、艺术家等，创作或提供有益于儿童健康成长的作品，对出版以儿童为对象的图书报刊、音像制品等出版物给予扶持等。

第四节　残疾人福利

一、残疾人两项补贴

根据《国务院关于全面建立困难残疾人生活补贴和重度残疾人护理补贴制度的意见》，从2016年起，符合条件的残疾人可以领取上述两项补贴。困难残疾人生活补贴主要补助残疾人因残疾产生的额外生活支出，补贴对象为低保家庭中的残疾人，有条件的地方可逐步扩大到低收入残疾人及其他困难残疾人。重度残疾人护理补贴主要补助残疾人因残疾产生的额外长期照护[①]支出，对象为残疾等级被评定为一级、二级且需要长期照护的重度残疾人，有条件的地方可扩大到非重度智力、精神残疾人或其他残疾人，逐步推动形成面向所有需要长期照护的残疾人的护理补贴制度。残疾人两项补贴标准由省级人民政府根据经济社会发展水平和残疾人生活保障需求、长期照护需求统筹确定，并适时调整。低收入残疾人及其他困难残疾人的认定标准由县级以上地方人民政府参照相关规定、结合实际情况制定。残疾人两项补贴采取现金形式按月发放。有条件的地方可以按照残疾人的不同困难程度制定分档补贴标准，提高制度保障的精准性。

二、残疾人福利设施

《中华人民共和国残疾人保障法》规定：国家和社会逐步创造良好的环境，改善残疾人参与社会生活的条件；逐步实行方便残疾人的城市道路和建筑物设计规范，采取无障碍措施等。2001年，建设部、民政部、中国残联联合发布了《城市道路和建筑物无障碍设计规范》，其中有24条纳人工程建设标准强制性条文。为残疾人建设的福利设施包括盲道、轮椅走道、红绿灯处加声音信号、为坐轮椅人士设计的厕所、餐桌等。

三、残疾人教育和就业福利

国家为残疾儿童提供门诊和家庭咨询，开展各种功能训练和医疗教育职业培训以减轻残疾程度，恢复其自理生活和从事劳动的能力，为他们走向社会创造条件。对接受义务教育的残疾学生免收学费，并根据实际情况减免杂费。设立助学金，帮助贫困残疾学生就学。各级教育机构应创造条件，对因身体条件不能到学校就读的适龄残疾儿童、少年，采取其他适当形式进行义务教育。残疾儿童可以就读特殊教育学校，也可以选择普通学校随班就读，残疾人教育机构的建设，应当适应残疾学生学习、康复和生活的特点，普通学校应当根据实际情况，为残疾学生入学后的学习、生活提供便利和条件。各级人民政府对残疾人劳动就业实行集中与分散相结合的方针，采取优惠

① 长期照护是指因残疾产生的特殊护理消费品和照护服务支出持续6个月以上时间。

政策和扶持保护措施，多渠道、多层次、多形式，使残疾人劳动就业逐步普及、稳定、合理，使更多的残疾人能在普通工作单位或各类福利企业中就业。

四、残疾人文化生活福利

我国残疾人文化生活保障的指导原则是：残疾人文化、体育、娱乐活动应当面向基层，融于社会公共文化生活，适应各类残疾人的不同特点和需要，使残疾人广泛参与。国家和社会采取各类措施，丰富残疾人的精神文化生活，主要包括：①通过广播、电影、电视、报刊等形式，反映残疾人生活，为残疾人服务；②组织和扶持盲文读物、盲人有声读物的编写和出版，开办电视手语节目等；③组织和扶持残疾人开展群众性文化、体育、娱乐活动，举办特殊艺术演出和特殊体育运动会，组织参加国际上定期举办的残疾人奥运会、特殊奥运会、世界聋人运动会、国际特殊艺术节、国际残疾人智能竞赛等比赛和交流；④有计划地兴办残疾人活动场所，提供特别帮助，如聋人助听器、盲人点字印刷书籍等；⑤公共服务机构应当为残疾人提供照顾和优待，如公交车票优惠等。

第五节　社区福利

一、社区福利的概念

社区是在一定地域范围内，由一定数量的人口组成的有一定文化特征的社会生活共同体，是宏观社会的基本单位和缩影。社区福利始于社区照顾，以提供服务为主要内容，是指在社区范围内对居民提供的各项便民利民服务的总称。广义上的社区福利概念基本上可以等同于各项社区服务；狭义的社区福利概念大致相当于社区服务中的免费服务部分。

二、社区福利的分类

按照提供的社区福利是否收费，可以将社区福利服务分为以下三种：

第一，无偿服务。无偿服务是最狭义的社区福利内容，它的对象既可以是社区中有困难的人，又可以是一般居民。它的目的是要满足这部分人的基本生活需求，并为此提供无偿服务。这项服务是整个社区工作的核心部分，也是社区服务的出发点和归宿。

第二，低偿服务。低偿服务又叫行政事业性服务。这也是社区服务的主要内容，它的对象是全体社区成员，它的目的是帮助本社区的居民解决生活中碰到的难题，主要提供非营业性的低偿服务。

第三，商业性服务。商业性服务是社区服务的扩展和辐射。它的对象不限，目的是拾遗补阙，方便居民。社区可以根据实际情况确定其服务是有偿、低偿还是无偿。

按照社区服务对于居民的支持阶段，可以分为三种类型：

第一，补救性服务。补救性服务主要是针对那些因社会问题导致部分生理功能丧失，生活困难，无法适应社会的人们的服务。

第二，预防性服务。预防性服务主要是为预防某些社会问题的发生而提供的社会服务。

第三，发展性服务。发展性服务可以泛指文化、教育、卫生、劳动就业等公共福利，意在提高社区居民的生活水平，促进其身心向更完善的方向发展。

三、社区福利的主要内容

（一）社区老年服务

社区老年服务是我国基层社区开展得最早、最广泛的为老年人服务的活动，也是发展得比较完善的服务，包括兴办敬老院、托老所、社区老年日间服务中心等，可以给老人提供送药送水、代购物品、理发洗衣、帮助安排生活和处理家务等服务。社区还提供棋牌麻将等老年人文化生活设施，更好地为老人提供安享晚年的社会环境，使他们有安全感，精神上得到安慰。

（二）社区卫生服务

社区卫生服务通常以社区、家庭和居民为服务对象，以妇女、儿童、长者、慢性病人、残障人士、贫困居民等为服务重点，以主动服务、上门服务为主，开展健康教育、预防、保健、康复、计划生育技术服务和一般常见病、多发病的诊疗服务，以满足社区居民基本医疗卫生需求。社区卫生服务机构具有公益性质，不以营利为目的。与医院的专科服务相比，社区卫生服务具有相对经济、有效、便捷的优点。社区卫生服务包括社区健康教育和健康促进、社区医疗、社区预防、社区康复、社区保健等，是我国优化医疗资源配置，解决群众“看病难、看病贵”问题，确保人人享有公共卫生和基本医疗服务目标实现的重要手段。

（三）为贫困者提供的福利服务

保障贫困者阶层的基本生活需要是社区服务的一项重要任务。一是对贫困人口进行必要的经济支持，帮助其渡过难关；二是要通过社区组织的努力发展社区服务业，帮助贫困者就业；三是要不折不扣地执行政府建立的最低生活保障制度；四是要动员社区各方面的力量，开展多种形式的扶贫济困活动，确保贫困者和贫困家庭的基本生活需要。

（四）为社区居民提供的文化服务和社会心理咨询服务

社区服务机构组织居民开展文娱活动、体育活动、文化学习、心理咨询等，如成立社区服务心理咨询中心，举办心理讲座，开展心理咨询，宣传心理卫生知识等。这对于帮助社区居民发现和排除心理障碍、消除不稳定因素起着很大的作用。

（五）社区矫正服务

2019 年《中华人民共和国社区矫正法》和 2020 年《社区矫正法实施办法》的实施，标志着我国社区矫正服务常规化发展。社区矫正是指将符合法定条件的罪犯置于社区内，由专门的国家机关在相关社会团体、民间组织和社会志愿者的协助下，在判决、裁定或决定确定的期限内，矫正其犯罪心理和行为恶习，促进其顺利回归社会的非监禁刑罚执行活动。其内容主要包括监督管理、教育矫正、社会适应性帮扶三个方面。目前，我国的社区矫正工作已取得显著成就。2013 年至 2017 年初，全国累计接收社区矫正对象189.6万人，累计解除矫正174.5万人，社区矫正对象矫正期间重新犯罪率一直处于0.2%左右的较低水平。2019年，全国累计接收社区矫正对象达到了478万，累计解除矫正对象411万，2019年新接收社区矫正对象50多万，解除矫正59万，全年正在列管的有126万。

（六）为其他弱势群体提供的福利和服务

为弱势群体提供的福利和服务展现了社区的人文关怀，也有利于社区的整体发展。除了以上提到的特殊群体以外，社区还针对残疾人、精神病人、伤病儿童、问题青少年、刑满出狱人员等各种类型的社会弱势群体提供支持，帮助他们更好地融入社会，促进社区居民对他们的理解，为其创造适应社会的环境。

社区福利的对象是每一位社区居民，服务范围也非常广泛，可谓是小事杂事方方面面都要管，大到兴建菜市场、治安调解等事关民生的事，小到政策宣传入户、帮助居民进行垃圾分类等，都在社区福利服务的范围内。社区是现代社会的基本单位，社区福利也是与人们距离最近的福利。

思考题：

1. 我国与西方关于社会保障和社会福利的解释有什么区别？
2. 社会福利的分类、特征及作用分别有哪些？
3. 企业年金有哪些功能？
4. 社区福利的主要内容有哪些？

第九章 社会救助

第一节 社会救助概述

一、社会救助的概念

社会救助是现代国家和社会的一项义不容辞的职责，是指当公民难以维持最低生活水平时，由国家和社会按照法定的程序和标准向其提供最低生活需要的物质援助的社会保障制度。

获取最低生活保障或社会救助是公民的一项基本权利。社会救助制度的目标是克服贫困，它在公民由于社会的或个人的、生理的或心理的原因，致使其收入低于最低生活保障线，因而陷入生活困境时发生作用。社会救助制度提供的仅仅是满足最低生活需要的资金或实物，目的是在公平与效率之间寻求适度平衡，它体现了人道主义精神，是社会保障制度中的最后一道安全网，使每一个公民不至于在生活困难时处于无助的困境。

社会救助是世界上最古老的社会保障制度。它与贫困问题密切相关，贫困具有长期性，从古到今，贫困总是伴随着人类的发展，无论是生产力水平极其低下的社会，还是生产力高度发达的社会，都存在绝对贫困和相对贫困的人群。

二、贫困与贫困线

确定社会个体或家庭是否应获得救助的关键是界定贫困，即确定所在地的最低生活标准。因此必须对贫困和贫困线进行讨论。

贫困通常包含两层含义，一是绝对意义上的贫困，即缺乏满足最低生活需要的条件和手段，没有生活必需的食物、衣服、住所，饥寒交迫、陷于绝境；二是相对意义上的贫困，即相对于社会平均生活水平而言的贫困。前者是19世纪末20世纪初欧美国家的官方文件中普遍采用的概念，它是根据人体健康发展所必需的营养成分而确定的一个标准，是指在一定收入水平上测算一个家庭满足每个成员起码的生活需求所需的费用。它包括必需的食品支出，由此组成一组收入数字，在此收入标准之下即为贫困，也称绝对贫困。后者是在前一概念的基础上进一步完善而来的。当某些个人、家庭和群体没有足够的资源去获取他们所需的那个社会公认的、一般都能够享受到的饮食、生活条件和参加某些活动的机会，那么就可以说他们处于贫困状态。他们由于缺少资源而被排斥在一般的生活方式、常规活动之外，所以贫困在这里已不是饥寒交迫、无法解决温饱的问题了，而是相对被剥夺、相对被侵占的概念。

所谓贫困线是指最起码的生活水平或与社会平均生活水平间的差距的一个量的界定。城市贫困线的制定可以从多种角度测定，学术界采用的方法通常有：恩格尔系数法、市场菜篮法、生活形态法、国际贫困线标准、客观贫困标准法、主观贫困标准法等。一般用一个或若干个与贫困高度相关而又可观察、可测量和可比较的社会、经济指标来表示贫困的程度。应当指出，绝对贫困和相对贫困都是一个相对的概念，不同的国家、不同的地域、不同的历史阶段其绝对贫困和相对贫困的概念和标准是不一样的。

三、社会救助的分类

（一）按照社会救助的给付方式进行划分

1. 现金救助

现金救助是直接向救助对象提供现金形式的救助，例如向贫困老年人及儿童提供的生活保障金等。

2. 实物救助

实物救助即向符合条件的救助对象提供如食宿、衣物等形式的救助，这种救助的特点是救急救难，解决生存危机，往往适用于临时救助场合。

3. 服务救助

服务救助是指相关机构通过为救助对象提供就业、法律、培训等方面的服务咨询或服务信息的形式来帮助救助对象的救助形式。

（二）按照社会救助的项目形式进行划分

1. 综合救助

综合救助是政府对贫弱者提供多种综合性保障的救助形式，这种救助可能包括为救助对象提供现金或实物，也包括为其提供各种服务等多种救助方式。

2. 专项救助

专项救助是针对救助对象的特殊困难而为其提供特定救助内容的救助形式，常见的如教育救助、住房救助、医疗救助等。

（三）按照社会救助提供的时间或频率进行划分

1. 经常性救助

经常性救助主要针对社会中无法摆脱贫困状态的特殊贫困人群，是一种需要长期由政府和社会提供救助，才能维持最低生活需求的救助形式。例如我国的最低生活保障制度，就是由国家按照法定标准和程序向不能维持最低生活水平的公民经常性地提供满足最低生活需要的物质援助制度。

2. 临时紧急性救助

临时紧急性救助主要是为低收入者或者因灾致贫者提供的紧急性和应急性的救助，目的在于帮助这些贫困对象快速渡过难关，暂时摆脱生活的困境。

（四）按照社会救助提供的主体进行划分

1. 政府救助

政府救助强调政府作为救助主体，直接主办并承担社会救助经费，依照法定的权限和程序对救助对象提供救助。

2. 民间救助

民间救助强调和鼓励群众之间互帮互助。这种救助往往由慈善机构和公益性民间组织为救助对象提供救助。

（五）按照造成贫困的原因进行划分

1. 自然灾害致贫救助

这种救助是针对那些因不可抗拒的自然原因而影响基本生存或给生活造成重大困难的救助对象，由国家和社会采取一定措施给予救助的形式。

2. 非自然灾害致贫救助

这种救助是针对那些因家庭成员失业、患病、死亡等个人或社会原因造成基本生活困难的救助对象，由国家和社会采取一定措施给予救助的形式。

除了上述几种常见的分类外，社会救助的分类还有很多其他的方式。例如，按照城乡标准划分，社会救助可分为城市社会救助与农村社会救助；按照社会救助的目标划分，社会救助可分为生存型救助和发展型救助等。

四、社会救助的特点

（一）基础性

社会救助不是为了提高全体社会成员的生活质量，而是对已经陷入生活困境的社会成员给予支持和帮助，以满足其最低的或者基本的生活需求。它要面对的是已经存在的贫困现象，对贫困对象进行保底，使其暂时能够休养生息，进而迅速摆脱贫困。

（二）协调性

社会救助是协调公平与效率关系的基本途径。社会救助的目标是实现起码的公平，是为发展创造必备的条件。社会救助除了物质救助，还包括教育救助、住房救助、就业救助等内容，这些结构化的内容必须具有协调性，才能实现真正的救助目标。

（三）选择性

社会救助是在公民因社会的或个人的、生理的或心理的原因无力维持最低限度的生活水平时才发生作用的。因此，必须有一整套严格的法定工作程序来确定申请救助的公民的生活状况是否已经陷入难以为继的窘境。这一整套工作程序一般被称为“家庭经济情况调查”。如享受最低生活保障待遇的关键在于申请人个人或家庭成员的人均收入低于政府事先确定的最低生活标准线即贫困线。

五、社会救助实施的基本原则

（一）定向原则

从社会救助的对象上看，社会救助同社会保险和社会福利的对象不完全相同，其对象具有特定性。国家只负责救助最困难的弱势群体。社会救助的定向性原则事实上把社会救助和社会福利区分开了。

（二）公民待遇原则

社会救助的公民待遇强调贫困的事实和后果，不涉及贫困的原因。只要贫困真实存在，贫困者需要帮助和救助，那么就会成为社会救助的对象。以人为本、人权平等、尊重人格以及不把贫穷当成罪恶，不歧视贫困群体，也不把贫困主要归因于个人和家庭，是社会救助制度秉持的基本理念。

（三）面向全民原则

在制定社会救助政策时，一般只以社会成员的生活条件及状况为出发点，凡是符合社会救助规定的任何个人或家庭都可以通过一定程序获得救助，不会以社会成员的职业性质、阶层划分作为依据。

（四）国家责任原则

国家承担确保贫困人口基本生活的义务，只要公民有生活上的困难，政府就有责任给予救助。因此，社会救助的责任主体是国家，同时倡导民间参与，弥补政府财力不足。企业和社区以及各种非营利组织可以作为辅助和必要的补充。

（五）非义务性原则

社会救助对接受者而言，是单方面的权利；对提供者而言，是单方面的义务，这种权利和义务由法律进行规范和约束。因此，国家和社会对特定对象实施社会救助、使其摆脱生活困境是无条件的。凡是属于救助范围以内的社会成员，国家和社会都应该给予救助，不能附加任何条件。社会救助在各国及历代社会均是无偿的。这是区别社会救助与其他社会保障子系统的一个重要标志。

（六）救助与发展一致性原则

社会救助作为应急型的应对贫困的一种机制，其接受者在获得最基本生活保障的同时，也获得了摆脱贫困、走向自立发展的基础和条件。进行社会救助时应强调以发展为最终目标，助人自助为原则，避免养懒人。

六、社会救助的主要功能

社会救助的最终目的是消除贫困和促进发展，它是社会保障制度的基础，好比社会保障安全网的网底，是社会稳定的最后一道防线，它的功能不可替代。

（一）保护功能

社会救助的首要功能就是保护功能，即通过经济援助，使社会成员从生存困境中解脱出来，在法律上、经济上为社会成员的基本生活权利提供保护。

（二）整合功能

社会整合指的是社会不同的因素、部分结合为一个统一、协调整体的过程及结果，亦称社会一体化。通过对贫困者或者其他需要帮助者进行救助，能使他们更好地融入社会，对社会有一种认同感和归属感，不至于使这部分人通过阶层化而阶级化。因此社会救助制度的实施可以发挥社会整合功能。

（三）稳定功能

社会经济的发展和进步离不开稳定的社会秩序和社会环境。社会救助保障社会成员的最低生活，避免社会成员因贫困而产生群体性危机，为妥善解决各种社会问题提供了时间和空间。

（四）恢复与发展功能

社会因素或者个体因素会导致贫困，从而形成各种社会问题，因而社会救助不仅可以恢复正常的受困个人或家庭的生活秩序和社会发展秩序，还能促进社会成员重新适应社会生活的发展变化，更有效地为社会工作，从而促进人才流动，有利于劳动力市场的发展。

第二节　最低生活保障制度

一、最低生活保障制度的概念

最低生活保障制度指政府依法对家庭收入低于当地最低生活保障标准的贫困人口给予补助的社会救助制度。最低生活保障制度是一种直接的现金救助，凡共同生活的家庭成员人均收入低于当地低保标准的，均有从当地人民政府获得现金救助及其他物质帮助的权利。

二、最低生活保障制度的原则

（一）保障公民生存权原则

生存权是公民最重要的权利，也是公民享受其他合法权利的基础。最低生活保障制度就是为保障公民的生存权而建立的，尽管各国或各地区保障水平不一，但最低生活保障能够维持受助者最低生活水平的“保底”原则却是统一的。

（二）公平性原则

凡是低于当地政府规定的最低生活保障线的个人与家庭，不论其身份地位、有无职业、民族种族、年龄性别，都应给予一视同仁的救助，保证全体公民一律平等，最低生活保障制度对全体公民普遍适用。

（三）与当地实际挂钩原则

最低生活保障标准的制定，必须坚持与当地实际生活水平相联系，避免保障水平过低或过高导致的保障不足或养懒人的情况。在制定标准时，各地要坚持层次不同，标准有别，不搞一刀切。为确保城乡低保标准的制定和调整符合当地实际，各地可以参考当地上年度城乡居民人均消费支出、城镇居民人均可支配收入、农民人均纯收入、城乡低收入居民基本生活费用，以及经济发展水平、财政状况等综合因素对低保标准进行测算或调整。

（四）维护受助者尊严原则

无论中外，历史上都出现过把贫困救助视为恩赐和施舍，要求受助者以牺牲人格尊严为代价而获得救助的情况。在现代社会，国家对解决贫困问题负有当然的责任与义务，贫困的社会成员在遭遇生活困境时也应当享受法定的权利。在实施低保制度时，受助对象并不低人一等，救助并不是施舍，不能因此损害个人尊严。

三、最低生活保障制度的内容

（一）宗旨与目标

最低生活保障制度的宗旨与目标是保障城乡贫困居民的最低生活，稳定、持久、有效地解决城乡贫困人口的温饱问题。

（二）保障对象

最低生活保障制度的保障对象为低于当地县（市、区）人民政府规定的最低生活保障标准的城乡公民。城市低保主要针对持有非农业户口的城市居民；农村低保对象主要是因病残、年老体弱、丧失劳动能力以及生存条件恶劣等原因生活常年困难的农村居民。

（三）保障方式

最低生活保障制度坚持政府救助与家庭赡养扶养、社会互助、个人自立相结合的方式，要与扶贫开发、促进就业以及其他社会保障政策、生活性补助措施相衔接。鼓励和支持有劳动能力的贫困人口生产自救、脱贫致富。

（四）实施主体

最低生活保障制度为各级地方政府负责制、属地管理制，由民政部门主管，财政部门落实资金，统计、物价、审计、人力资源等部门分工负责相关工作，城市街道办事处、居委会与农村乡（镇）政府、村委会承担城乡“低保”的日常管理、服务工作。

（五）资金管理

最低生活保障制度的资金筹集以地方政府为主，列入财政预算，建立银行专户，专款专用。省级人民政府要加大对最低生活保障制度的财政投入，中央政府对困难地区给予适当补助。

（六）保障标准

最低生活保障制度的标准制定采取绝对贫困线为主、相对贫困线为辅的方式，按主管范围由市或县（市、区）民政部门会同财政、统计、物价等部门制定标准，报本级人民政府批准、向上级人民政府备案、公布实行。随着物价变化与经济、社会发展动态性地提高保障标准。城市低保标准主要按照当地维持居民基本生活所必需的衣、食、住费用，并适当考虑水电煤（燃气）以及未成年人的义务教育费用确定。农村低保标准主要按照能够维持当地农村居民全年基本生活所必需的吃饭、穿衣、用水、用电等费用确定。

各地在制定和调整城乡低保标准时，可以采用基本生活费用支出法、恩格尔系数法或消费支出比例法等方法。

1. 基本生活费用支出法

基本生活费用支出法又叫作标准支出法，是最常用的一种方法。基本生活费用支出包括必需食品消费支出和非食品类生活必需品支出两部分，可以表示为：城乡低保标准=必需食品消费支出+非食品类生活必需品支出。其中必需食品消费支出通过市场调查确定当地食品必需品消费清单，根据中国营养学会推荐的能量摄入量，相应食物摄入量以及食物的市场价格计算得出；非食品类生活必需品支出根据调查数据确定维持基本生活所需的衣物、水电、燃煤、公共交通、日用品等消费清单测算。

2. 恩格尔系数法

恩格尔系数法根据当地居民必需食品消费支出和上年度最低收入家庭的恩格尔系数来确定城乡低保标准。公式为：城乡低保标准=必需食品消费支出/上年度最低收入家庭的恩格尔系数。

3. 消费支出挂钩法

消费支出挂钩法以上年度当地城乡居民人均消费支出的一定百分比作为低保标准。

4. 最低工资挂钩法

最低工资挂钩法以当地最低工资的一定百分比作为城市低保标准。

（七）救助程序

救助程序上，城乡低保大体一致，主要包括申请、入户调查、初审、审批等程序，由困难居民提出申请、社区居委会（村委会）初审、乡镇（街道办事处）复核、县级民政部门审批。从救助金发放看，城市低保一般由县级民政部门委托银行、信用社或邮政储蓄按月发放，农村低保一般按季或半年由金融机构或民政部门直接发放。在具体实施中，各地还建立了社区评议、张榜公示、动态管理、分类施保、就业连动等制度，进一步强化低保救助的监督和有效实施。

第三节　专项救助

一、特困人员供养

根据2016年发布的《国务院关于进一步健全特困人员救助供养制度的意见》，国家对无劳动能力、无生活来源且无法定赡养抚养扶养义务人或者其法定义务人无履行义务能力的城乡老年人、残疾人以及未满16周岁的未成年人给予特困人员救助供养。特困人员救助供养主要包括以下内容：①提供基本生活条件，包括供给粮油、副食品、生活用燃料、服装、被褥等日常生活用品和零用钱，可以通过给予实物或者现金的方式予以保障。②对生活不能自理的给予照料，包括日常生活、住院期间的必要照料等基本服务。③提供疾病治疗，全额资助参加城乡居民基本医疗保险的个人缴费部分。医疗费用按照基本医疗保险、大病保险和医疗救助等医疗保障制度规定支付后仍有不足的，由救助供养经费予以支持。④办理丧葬事宜，特困人员死亡后的丧葬事宜，集中供养的由供养服务机构办理，分散供养的由乡镇人民政府（街道办事处）委托村（居）民委员会或者其亲属办理。丧葬费用从救助供养经费中支出。⑤对符合规定标准的住房困难的分散供养特困人员，通过配租公共租赁住房、发放住房租赁补贴、农村危房改造等方式给予住房救助。⑥对在义务教育阶段就学的特困人员，给予教育救助，对在高中教育（含中等职业教育）、普通高等教育阶段就学的特困人员，根据实际情况给予适当教育救助。

二、流浪乞讨人员救助制度

2003 年 8 月 1 日《城市生活无着的流浪乞讨人员救助管理办法》的实施，标志着我国流浪乞讨人员救助制度的建立。流浪乞讨人员救助制度的救助对象是在城市生活无着的流浪乞讨人员，救助目的是保障其基本生活权益。县级以上城市应根据需要设立流浪乞讨人员救助站，民政部门负责相关救助工作，并对救助站进行指导、监督。公安、卫生、交通、铁路、城管等部门应在各自职责范围内做好相关工作。救助的基本方式为被动救助，即流浪乞讨人员求助时才给予救助。救助内容包括：根据受助人员的需要提供符合食品卫生要求的食物和符合基本条件的住处；对在救助站内突发急病的受助人员及时送医院救治；帮助与其亲属或所在单位联系；对没有交通费返回其住所地或所在单位的提供乘车凭证。另外，各地兴建的流浪人员救助站也是对流浪乞讨人员的一项具体的社会救助措施。

2015 年 8 月 20 日《民政部 公安部关于加强生活无着流浪乞讨人员身份查询和照料安置工作的意见》的出台，为进一步加强流浪乞讨人员身份查询和照料安置工作，切实维护其合法权益奠定了坚实的法律基础。

三、临时救助制度

临时救助制度主要是对在日常生活中由于各种特殊原因基本生活出现暂时困难的家庭给予非定期、非定量生活救助。救助对象包括：①急难型救助对象：因火灾、交通事故等意外事件，家庭成员突发重大疾病及遭遇其他特殊困难等，基本生活暂时出现严重困难、需要立即采取救助措施的家庭和个人。②支出型救助对象：因教育、医疗等生活必需支出突然增加并超出家庭承受能力，基本生活在一定时期内出现严重困难的家庭。原则上其家庭人均可支配收入应低于当地上年度人均可支配收入，且家庭财产状况符合当地有关规定。《民政事业发展第十二个五年规划》要求全面建立临时救助制度，对因病、因灾等特殊原因出现生活暂时困难的家庭，以及收入略高于最低生活保障标准但生活确有困难的低收入家庭实施阶段性生活救助，使临时救助成为一项正式的社会救助制度。目前，临时救助制度对农村居民的覆盖程度更广、支持力度更大。

四、自然灾害救助制度

我国自然灾害救助制度历史悠久，目前仍是社会救助制度体系中的重要内容之一。2010 年《自然灾害救助条例》规定，国务院民政部门负责全国的自然灾害救助工作；县级以上地方人民政府或人民政府的自然灾害救助应急综合协调机构，负责组织、协调本行政区域的自然灾害救助工作；村民委员会、居民委员会及红十字会、慈善会和公募基金会等社会组织，依法协助人民政府开展自然灾害救助工作。同时要求，县级以上人民政府应将自然灾害救助工作纳入国民经济和社会发展规划，建立健全与自然灾害救助需求相适应的资金、物资保障机制，将人民政府安排的自然灾害救助资金和自然灾害救助工作经费纳入财政预算。县级以上人民政府财政部门、民政部门负责自然灾害救助资金的分配、管理并监督其使用情况。县级以上人民政府民政部门负责调拨、分配、管理自然灾害救助物资。

五、城乡医疗救助制度

城乡医疗社会救助制度是我国多层次医疗保障体系的重要组成部分，对提高贫困人口的健康水平起着重要的作用。医疗救助是在政府主导下，由政府相关部门组织实施，主要通过提供资金、政策与技术支持，对困难人群实施专项帮助和医疗扶持的一项医疗保障制度。城市医疗救助对象主要是城市居民最低生活保障对象中未参加城镇职工基本医疗保险人员、已参加城镇职工基本医疗保险但个人负担仍然较重的人员和其他特殊困难群众；农村医疗救助对象主要是农村特困供养对象、农村低保家庭成员及地方政府规定的其他符合条件的农村贫困农民。在救助标准方面，按照制度规定，救助对象因病发生的医疗费用，在扣除各项医疗保险可支付部分、单位应报销部分及社会互助帮困等之后，个人负担仍超过一定金额的医疗费用，或一些特殊病种的医疗费用，由医疗救助制度给予一定比例或一定数量的补助。对于特别困难的人员，可适当提高补助标准。在救助方式上，城乡医疗救助坚持以住院大病救助为主，根据医疗救助对象的不同医疗需求开展服务，主要方式包括资助参保、住院大病救助、门诊救助、优惠减免等。救助资金来源包括财政预算拨款、专项彩票公益金、社会捐助等渠道。地方财政每年安排城市医疗救助资金并列入同级财政预算，中央和省级财政对困难地区给予适当补助。

城乡医疗救助制度对于缓解城乡居民因病致贫、因病返贫发挥了积极作用，但是实践中也存在运营不规范、审批程序过于复杂等问题，致使一些地区医疗救助资金结余较多而部分患大病困难群众未得到及时救助。基于此，2009 年 6 月，民政部、财政部、卫生部、人力资源和社会保障部联合印发《关于进一步完善城乡医疗救助制度的意见》，明确了要探索建立城乡一体化的医疗救助制度，并要求合理确定救助范围，切实将城乡低保家庭成员和特困人员纳入医疗救助范围，逐步将其他经济困难家庭人员（主要包括低收入家庭重病患者以及当地政府规定的其他特殊困难人员）纳入医疗救助范围等。城乡居民大病保险制度推行后，医疗救助与大病保险的衔接问题备受关注。2017 年民政部发布《关于进一步加强医疗救助与城乡居民大病保险有效衔接的通知》，对两项制度在对象范围、支付政策、经办服务、监督管理等方面的衔接问题做了充分解释。

六、就业救助制度

就业救助是面向就业年龄内有劳动能力和劳动意愿但尚未就业的、不在失业保险保障范围的社会成员，由政府和相关社团组织为其进行职业辅导和再就业培训，并提供相关津贴（包括失业者本人及其家庭成员的最低生活津贴、培训期间的交通和食宿补贴等）。部分失业者不被雇佣，政府就组织他们参加以工代赈的社会公益劳动，以劳动报酬的形式发给他们救助金。一方面，就业救助可以帮助广大受助者提高技能和素质，畅通就业信息渠道，促进其尽快就业；另一方面，通过对不可能被雇佣的劳动者提供公益性岗位，给予其充分的人格尊严和回报社会的机会，减少其单纯受助的心理压力。

七、教育救助制度

教育救助制度是国家、社会团体和个人为保障适龄人口获得接受教育的机会，从物质和资金上对贫困地区和贫困学生在不同阶段提供援助的制度。其特点是通过减免、资助等方式，帮助贫困学生完成相关阶段的学习，以最终解决其可持续生计的问题。我国现已建立起覆盖学前教育至高等教育各教育阶段的学生教育救助政策体系。在义务教育阶段，全面免除城乡学杂费，对农村学生和城市家庭经济困难学生免费提供教科书，对家庭经济困难的寄宿生提供生活补助，同时推行农村义务教育学生营养改善计划。在普通高中教育阶段，教育救助以政府为主导，国家助学金为主体，学校减免学费等为补充，社会力量积极参与。在高等教育阶段，国家奖助学金、国家助学贷款、学费补偿贷款代偿、勤工助学、校内奖助学金、困难补助、伙食补贴、学费减免、“绿色通道”等多种方式并举。其中，国家助学贷款是由政府主导、金融机构向高校家庭经济困难学生提供的信用助学贷款，帮助解决学生在校期间的学习和生活费用。贷款学生在校期间的国家助学贷款利息全部由财政支付。此外，政府还鼓励高校通过勤工助学、学费减免等方式缓解困难家庭学生在学习生活方面的支出压力。政府要求各全日制普通高校必须建立“绿色通道”，对被录取入学、无法缴纳学费的家庭经济困难新生先办理入学手续，然后核实情况并分别采取不同的资助方式。学生资助资金以政府投入为主体，学校和社会资助为补充，且各方面资金均呈逐年增长趋势。需要指出的是，“学生资助”中的项目并不都属于教育救助，还包含针对所有学生的鼓励性资助（奖学金）和普惠性资助（如师范生免费教育），以及在贡献和回报基础上的资助（如教育贷款）。扣除这些后，属于教育救助的项目主要有国家助学金（高校、中职和普通高中的困难学生）、国家免学费（主要指中职）、义务教育阶段家庭经济困难学生寄宿生生活补助。此外，还有少量的高校困难学生补贴、地方政府对高中生的助学补助等项目。

八、住房救助制度

住房救助制度是为贫困家庭提供基本住房保障的制度，主要针对的是住房消费能力不足的部分低收入社会成员，重点是要解决低收入家庭的住房支付能力不足与普通商品住宅价格较高之间的矛盾。

（一）廉租房

廉租房制度始建于20世纪90年代城镇住房改革时期。2007年《廉租住房保障办法》出台，标志着城镇住房救助制度实现规范化运行，并逐步解决城市低收入家庭的住房困难问题。廉租房制度的保障对象主要是城镇低收入住房困难家庭，是指城市和县人民政府所在范围内，家庭收入、住房状况等符合市、县人民政府规定条件的家庭。保障方式主要有两种：一是货币补贴，即向救助对象发放住房补贴金，由救助对象自行承租住房；二是实物配租，即直接提供给保障对象住房，按规定标准收取租金。采取货币补贴方式的，补贴额度按照城市低收入住房困难家庭现住房面积与保障面积标准的差额、每平方米租赁住房补贴标准确定。每平方米租赁住房补贴标准由市、县人民政府根据当地经济发展水平、市场平均租金、城市低收入住房困难家庭的经济承受能力等因素确定。其中对城市居民最低生活保障家庭，可以按照当地市场平均租金确定租赁住房补贴标准；对其他城市低收入住房困难家庭，可以根据收入情况等分类确定租赁住房补贴标准；采取实物配租方式的，配租面积为城市低收入住房困难家庭现住房面积与保障面积标准的差额。实物配租的住房租金标准实行政府定价。实物配租住房的租金，按照配租面积和市、县人民政府规定的租金标准确定。有条件的地区，对城市居民最低生活保障家庭，可以免收实物配租住房中住房保障面积标准内的租金。

廉租房救助资金来源主要有地方政府的年度财政预算、全额贷款风险保证金和扣除管理费用后的住房公积金增值收益余额、不低于10%的土地出让净收益、廉租房租金、其他社会捐赠和筹集的资金以及中西部的国家财政补贴。廉租住房来源主要包括政府新建住房、收购的住房、腾退的公有住房、社会捐赠的住房及其他渠道获得的住房。

（二）经济适用房

经济适用房是根据国家经济适用住房建设计划安排建设的住宅，是指政府提供政策优惠，限定套型面积和销售价格，按照合理标准建设，面向城市低收入住房困难家庭供应，具有保障性质的政策性住房。

经济适用房政策的保障对象是城市低收入家庭，具体是指：①具有当地城镇户口；②家庭收入符合市、县人民政府划定的低收入家庭收入标准；③无房或现住房面积低于市、县人民政府规定的住房困难标准。经济适用住房供应对象的家庭收入标准和住房困难标准，由市、县人民政府根据当地商品住房价格、居民家庭可支配收入、居住水平和家庭人口结构等因素确定，实行动态管理，每年向社会公布一次。经济适用住房购房人拥有有限产权。购买经济适用住房不满5年，不得直接上市交易，购房人因特殊原因确需转让经济适用住房的，由政府按照原价格并考虑折旧和物价水平等因素进行回购。

经济适用住房的价格确定应当以保本微利为原则。其销售基准价格及浮动幅度，由有定价权的价格主管部门会同经济适用住房主管部门，依据经济适用住房价格管理的有关规定，在综合考虑建设、管理成本和利润的基础上确定并向社会公布。房地产开发企业实施的经济适用住房项目利润率按不高于3%核定；市、县人民政府直接组织建设的经济适用住房只能按成本价销售，不得有利润。

（三）公共租赁房

2012年5月28日，住房和城乡建设部令第11号公布的《公共租赁住房管理办法》规定：公共租赁住房（简称“公租房”）是指由国家提供政策支持、限定建设标准和租金水平，面向符合规定条件的城镇中等偏下收入住房困难家庭、新进就业无房职工和在城镇稳定就业的外来务工人员出租的保障性住房。

与廉租房和经济适用房相比，公租房供应的群体更具有广泛性。廉租房的供应对象是最低收入群体，经济适用房的供应对象是比廉租房供应对象收入稍高的群体，而公租房的供应对象可以把收入超过廉租住房申请标准、但无力购买经济适用房的人群和收入超过经济适用房申请标准、但无力购买商品房的人群都包含进来，不仅扩展了住房保障的受益群体，而且还有利于政策的衔接。

根据《公共租赁住房管理办法》申请公共租赁住房，应当符合以下条件：①在本地无住房或者住房面积低于规定标准；②收入、财产低于规定标准；③申请人为外来务工人员的，在本地稳定就业达到规定年限。

这样，非低保但又有住房困难的家庭、新就业的无房职工、外来务工人员等群体的大部分人都能具有公租房住房保障资格。部分地方规定的公租房供应群体则更加广泛，如上海将公租房供应对象由户籍人口扩大为常住人口，并且不设收入限制；北京实施的“面向新北京人专配保障房”公租房项目，其中每个项目都有70%房源面向本市户籍无房职工，30%房源面向非本市户籍的无房申请人。

为了更好地进行政策衔接和方便群众，住房城乡建设部、财政部、国家发展改革委联合印发《关于公共租赁住房和廉租住房并轨运行的通知》，规定从2014年起，各地公租房和廉租房并轨运行。今后，公租房将配合住房公积金等制度，成为我国住房保障的主要形式之一。

思考题：

1. 何为贫困？测量贫困线的方法有哪些？
2. 社会救助的分类、原则和功能分别是什么？
3. 简述我国最低生活保障制度的主要内容。
4. 我国的专项救助主要有哪些内容？

第十章 其他社会保障

第一节 慈善事业

一、慈善事业的概念

慈善是古今中外人类共同的美德，当这种美德被全社会所接受、弘扬并发展成一项广泛的、有组织性的持续规范性的社会活动时，它就成了一项事业。慈善事业是指众多的社会成员建立在志愿基础上所从事的一种无偿的、对不幸无助人群的救助行为。它通过合法的社会组织，以社会捐助的方式，按特定的需要，把可汇聚的资源集中起来，再通过合法途径，用于资助无力自行摆脱危难的受助者。尽管慈善活动和慈善行为自古有之，但历史上的慈善活动和慈善行为在严格的意义上并不能称为慈善事业。现代慈善事业是社会性事业，单个的、个体的慈善活动或行为不能构成慈善事业，而只有社会性的慈善行为才真正构成慈善事业。这就需要专门的慈善公益机构来组织并营运慈善事业，面向所有需要帮助的社会成员，保证慈善资源的有效运用，并保持它的经常性、持续性、规范性和相对稳定性。

慈善事业有自己的主体和客体。其运作包括接受捐献、资金管理和实施救助三个环节。慈善组织的主体，主要包括捐助主体、运营主体和监管主体三个方面。其中的捐助主体，主要是指个人或家庭、社区、宗教团体、企业和募捐组织等；运营主体，主要是指慈善组织，包括慈善基金会和慈善机构；监管主体，主要包括政府、社会评估机构、公共媒体等。慈善事业的客体主要是社会的弱势群体，还有一部分慈善事业是针对社会成员的全面发展，如发展科学文化、保护自然环境等。

慈善事业总的来说是救助性事业。作为一种源远流长的社会化保障机制，慈善事业从早期的宗教慈善活动、官办慈善活动与民间乡绅举办的慈善活动，发展到一种社会化公益事业，经过了漫长的过程。现代慈善事业在很大程度上已经消除了早期慈善活动的恩赐、怜悯与不平等色彩。尽管发达国家的慈善事业早已超出了早期救灾济贫恤孤的范围，但慈善事业的根本目的仍然是救助现实社会中的贫民、灾民、孤老残幼等脆弱社会成员，他们才是慈善事业的工作对象。在参与慈善事业的方式上，也不仅有捐钱一种方式，还有捐物和劳务等方式。同时，也不能简单地把慈善事业理解为救灾济贫，因为现代慈善事业所涉足的领域已扩展到文化教育、环境保护等许多公益领域。

二、慈善事业与社会保障

（一）社会保障起源于慈善事业

从世界范围来看，大多数国家都有历史悠久的慈善事业，并在此基础上过渡、发展为现代社会保障事业。1601年英国政府颁布的《济贫法》被称为国家社会保障的起源，而在这之前，慈善事业已经经历了漫长的发展阶段，并一直发挥着除贫济困的作用。由于人口的增长和工业化的发展，零散的慈善救济活动已经无法适应工业社会的需要，由国家统一安排的社会保障开始登上历史舞台。早期的国家社会保障事业大多是直接从教会或社会慈善事业转型而来，慈善事业的发展不仅为国家社会保障的发展和成熟提供了必要的过渡期，其积累的长期经验还为国家社会保障的实施打下了坚实的基础。

（二）慈善事业是社会保障体系的重要组成部分

慈善事业是社会保障体系的一个有机组成部分，并构成对基本社会保障制度的补充。作为一项需要社会成员广泛参与的民营公益事业，慈善事业成为人类社会互助行为在现代社会的基本载体，具有不可替代性。从经济上看，慈善事业被称为除了初次分配和再次分配之后，社会的“第三次分配”，个人可以通过这种分配合理地获得官方、企业或社团、家庭或个人的财政支持，保障了社会产品在分配上更具有公平性。现代慈善事业在社会功能上发挥着扶危济困、协调社会发展、润滑社会阶层关系的内在职能，使其具有了补充社会保障的社会功能，因此慈善事业不论从经济意义还是社会意义上来看都对社会保障体系具有补充作用。各国的经验表明，慈善事业的功能是法定社会保障制度及其他补充保障机制所无法替代或者完全替代的，它对基本社会保障制度的补充是不可缺少的。

（三）慈善事业与社会保障既有区别又有联系

慈善事业和社会保险、社会救助及社会福利之间存在着属性上的差异。这种差异表现为：社会保险、社会救助和社会福利制度属于刚性的保障制度，从本质上讲带有政府责任或是强制力；慈善事业属于柔性的保障体系，带有明显的非政府性质，完全以自愿行为为前提。法定的社会保障是以稳定社会为政治基础，以财政拨款或强制性筹款为经济基础，以官营或公营机构为组织基础，以法律制度为实施基础，它与道德并无直接关系，只是法制规范的政府、社会、企业与个人之间的一种强制性利益调节机制，主体各方的权利与义务都是由法律明确规范的；慈善事业虽然客观上具有社会保障的某些功能，并事实上作为一种特殊的社会保障形式而存在，但它在目标上却较法定社会保障制度多了一层，即弘扬助他与互助美德的宗旨，在资金来源上以捐献为主，建立在自愿的基础之上，在组织机制上是民办或私营性质。由于慈善事业的道德性、自愿性和民营性，它既是现代社会保障体系不可或缺的补充保障机制，又与法定的基本社会保障制度联系非常紧密。

（四）慈善事业与社会保障能够互相促进

健全的社会保障体系，由社会保险、社会救助、社会福利和慈善事业等组成，这几个方面互相衔接、互相配合、缺一不可。单一地发展刚性保障制度，一是会加重国家和政府的财政负担；二是以国家为主的保障制度面向全体人民，必然缺乏灵活性。加入柔性的慈善事业，会让社会保障制度更加完善，也更加灵活，能够应对国家保障不容易顾及的特殊领域和人群。同时，慈善事业倡导奉献和爱心，也能够培养全社会保护弱小、与人为善的意识。如果单一地发展柔性的慈善事业，也会导致保障范围不足，保障水平偏低，保障执行力不强等各方面的问题。因此，只有两者共同发展，才能取长补短、相互促进，把社会保障体系的网织得更密、更牢。

三、慈善事业的特征

（一）利他主义

利他主义是慈善的道德基础。慈善事业与慈善思想密切相关，我国慈善事业思想就是建立在仁爱、慷慨解囊和助人为乐等深厚的文化基础之上的。

（二）本源为社会捐赠

社会捐赠是慈善事业的经济基础。慈善事业不排斥官方的财政资助，但慈善事业生存与发展的经济基础只能是社会捐赠，没有社会捐赠便不会有社会化的慈善事业。尽管各国慈善事业的发展都离不开政府的支持与财政帮助，有些地区的慈善机构甚至主要依靠政府的财政资助，但也不能改变慈善事业的本源为社会捐赠的事实。

（三）以民营为主

民营机构是慈善事业的组织基础。慈善事业由民间公益团体或公益组织承担具体的组织实施工作，这是慈善事业之所以成为一项有益的公益事业而非单个的施舍行为的组织基础，也是其作为社会性保障事业而不被纳入法定的强制性社会保障事业或官办社会救助的重要原因。慈善事业是民营事业，慈善活动必须是民营公益机构举办的。因为在现代社会，政府是国民选举出来的政府，它掌握的是国家通过民主方式赋予的公共权力，控制的是通过税收等强制手段汇集起来的公共资源，其根本职责就是谋取公众利益，因此，政府主导的基本社会保障是其应当承担的责任与必须履行的义务，早已被各国法律制度所规范，并得以强制推行。正因为此，各国政府举办的社会保障事业也就不可能再以慈善事业的面孔出现，只有非强制性的民营公益事业才构成现代慈善事业的主体。

（四）尊重捐赠者意愿

尊重捐赠者意愿是慈善事业的实施基础。慈善事业的经济基础是社会捐赠，这种特殊的经济基础决定了慈善组织需要坚持以捐赠者的意愿为实施基础，即慈善事业具有捐赠者意愿至上的特点。捐赠者有权指定慈善组织将所捐赠款物用于指定的慈善项目，即使捐赠者没有指定专门的慈善项目，慈善组织也应当将其捐赠用于直接的慈善项目或与慈善直接相关的项目。

（五）倡导社会参与

社会成员的普遍参与是慈善事业发展的群众基础。发达国家或地区的发展实践已经证明，当慈善事业仅仅是少数富人的事情时绝不可能形成发展慈善事业应有的氛围，只有社会成员的普遍参与，才能形成一种有利的、自觉的促进慈善行为与慈善事业发展的社会氛围，而且会使慈善事业具有更加广泛、更加厚实的经济基础，最终使单个的慈善行为集结成为一项宏伟的事业。

四、慈善事业的功能

（一）文化功能

慈善事业的背后渗透着国家和民族悠久的文化传统。慈善事业对文化层面的影响是深远而又深刻的。不管是在东方还是西方，慈善所弘扬的利他主义价值观，都能在社会文化中起到增强人文关怀、减少矛盾冲突等作用，不仅使个人从公益付出中获得精神满足，也能使社会呈现出更加稳定和谐的状态。

（二）经济功能

贫富差距是慈善事业发展的社会基础，慈善事业是建立在社会捐赠基础之上的。慈善事业通过在社会成员之间进行财富转移，有效调节贫富之间的关系，因此它的存在和发展实际是一种社会财富的再分配。如果政府对收入再分配领域比较重视，政府办的社会保障健全而完善，那么慈善事业的发展空间会小一些，因此也有一些学者提出慈善事业发展的最高境界是社会不需要办慈善。但是在目前的经济发展水平下，社会对慈善事业的需求仍然是十分强烈的，慈善事业是有效的收入再分配手段。

（三）政治功能

慈善事业对政治的影响，主要体现在慈善事业可以影响社会政策的制定和实行。政府可以制定政策对民间慈善机构进行准入、规范和监督，慈善机构也可以根据政府直接的资金资助和间接的税收支持执行社会政策，同时还可以在社会上进行舆论宣传或赞成或反对社会政策。在某种程度上，政府对慈善事业有较大的控制权，慈善事业也可以影响政局的变化。

（四）社会功能

慈善事业促进社会的文明进步主要体现在两方面：一是政府的社会保障体制不可能满足全体社会成员的各种社会保障需求，社会上需要救助的社会成员大量存在，从而决定了慈善事业的必要性；二是慈善事业具有特殊的社会凝聚力，在搭建富裕阶层回报社会的平台、关爱社会弱势群体、体恤贫困人群方面具有特殊的功能。

五、中国慈善事业的发展现状

慈善观念在我国古已有之，但历史上的慈善事业并不发达。改革开放以后，我国的慈善事业有了长足发展，2008 年的汶川地震，不仅激发了国人的慈善热情，也促进了慈善组织的快速发展和成熟，我国现阶段的慈善事业已经具备一定的规模，社会效益较为显著。

（一）组织规模方面

民间组织数量显著增加，截至 2020 年年底，全国共有社会组织 89.4 万个。其中，社会团体 37.5 万个，民办非企业单位 51.5 万个，基金会 8 432 个。这些民间组织中有很多是专门从事慈善事业的组织。

（二）制度建设方面

在信息披露方面，从信息公开入手，民政部支持成立了中国慈善捐助信息中心，积极推动建立慈善信息发布制度，促进慈善组织公信力的提高；在激励机制方面，我国逐步建立了政府表彰和民间评价相结合的激励机制。民政部从 2005 年开始连续组织“中华慈善奖”评选表彰活动。

（三）捐助活动方面

截至 2020 年年底，全国共有经常性社会捐赠工作站、点和慈善超市 1.5 万个（其中慈善超市 4 655 个）。全年共有 2 401.4 万人次在民政领域提供了 5 741.1 万小时志愿服务。全国志愿服务信息系统中汇集的注册志愿者 1.9 亿人。全国社会组织捐赠收入 1 059.1亿元，比上年增长 21.3%。

（四）政策法规方面

我国出台了《中华人民共和国公益事业捐赠法》《社会团体登记管理条例》《基金会管理条例》和《民办非企业单位登记管理暂行条例》等法律和政策，对公益慈善团体的组织运营进行了规范。2017 年修订的《中华人民共和国企业所得税法》还进一步加大了对企业捐赠慈善事业的税收优惠支持力度。2016 年颁布的《中华人民共和国慈善法》以及随后颁布的《慈善组织认定办法》《慈善组织信息公开办法》《慈善组织公开募捐管理办法》等一系列法规，进一步规范了慈善行为，激发了慈善组织活力，增强了全社会的慈善意识，极大地促进了我国慈善事业的快速健康发展。

第二节　互助保障

一、互助保障的概念

互助保障是指社会成员之间通过一定的机制相互提供物质帮助（包括经济援助与服务援助等）的一种生活保障系统。它由非营利性的互助组织承办，具有自愿参加、互助共济、非营利、合作制等特点。

二、互助保障的特点

第一，自助与他助相结合。互助保障的本质在于社会成员之间的相互帮助，在实践中则体现为以互助为条件的自助与他助，即参与互助保障的社会成员能够在互助中实现自助并获得他助。

第二，互助保障是一种社会化的生活保障机制。它不是社会成员之间的个体对应帮助行为（如邻里互帮、亲友互助等），而是需要由特定的非官方机构（独立的组织须经过政府有关部门批准）来承担组织任务，并通过社会化手段来筹集资金，按照社会化的原则与规律运行的一种生活保障机制。

第三，互助保障机制的运行具有封闭性。它总是在以互助为名义建立的团体内部运行，所覆盖的对象亦限制为参与互助保障的成员，且有明确的身份限制。如企业中的职工互助保障，即以具有本企业员工身份为参与的资格条件；城镇中的社区居民互助保障，覆盖的只能是本社区内的居民，而乡村中的互助保障同样只能以具有本村或本乡居民身份为必要条件。尽管随着互助保障事业的发展，这种机制的社会化程度将得到提高，如某些行业的互助保障、公务员互助保障等就超越了单位的限制，是具有系统性，但系统外部的社会成员依然不可能进入，从而只是一个扩大了范围的封闭保障机制而已。

第四，互助保障是一种综合性的生活保障机制。它保障的内容并非仅仅对社会保险项目进行补充，而是可以根据参与者的群体意愿来设置互助项目并满足多种社会性保障需求，可以补充社会保险、社会救助及公共福利服务等基本保障制度的不足，从而是一种可以包括经济保障、服务保障甚至情感保障等在内的综合性生活保障机制。

第五，互助保障是民营公益事业，不以营利为目的。它在实践中既是对举办主体（如企业、机关、社区等）的支持，也是对政府基本社会保障制度的支持，从而能够且应当得到政府的财政与政策支持。同时亦不排除通过互助保障基金的商业营运来壮大基金，以促进互助保障事业的进步发展。

第六，互助保障具有非强制性和非竞争性。互助保障不是国家的法定社会保障，从而在实施中具有非强制性。它作为特定团体或社区内部的制度安排，因有相应的制度引导与政策支持，往往成为群体的自觉行动。限制性与封闭运行的特色又决定了互助保障不是可以自由竞争的市场业务，而是以群体或团体行为的面目出现，并具有非竞争性的社会性保障事业。

综上可见，互助保障是一种在特定团体或社区内部内生的生活保障机制，它的社会化程度不如基本社会保障制度，但无疑属于现代社会保障体系的自然延伸和有益组成部分。尤其是对发展中国家而言，薄弱的经济实力往往无法支撑起一个全民化的统一的社会保障体系，包括互助保障在内的各种补充保障机制便很自然地具有了生存与发展的必要性。

三、互助保障的分类

（一）按照保障对象和范围划分

按照保障对象和范围，互助保障可以分为家庭互助、社区互助、职业团体互助、特殊群体互助等。家庭互助即家庭保障，是家庭内部成员之间在经济、生活、情感等方面的互助，它以血缘关系和感情为纽带，只对家庭内部成员互助互济，是基本社会保障制度建立前人们可以享受的主要保障形式，但这种互助保障互济范围小，随意性强，难以抵御较大的风险，不能适应工业化和社会化发展的趋势，其功能亦随着家庭规模的缩小而逐步弱化。邻里、社区互助一般为有组织的、自发的在社区内部成员之间进行的互助活动，它主要针对那些特殊困难成员，以扶贫、帮困或提供必要服务的形式进行。职业团体互助保障一般是由行业协会或企业内部组织承办的封闭式的（只针对某一职业、行业，或是企业集团内部职工自愿加入）互助活动。特殊群体互助保障则是某一特定群体（一般为社会弱势群体）自发组织设立的互助行为，在需要的时候群体内部成员通过保险或救助等形式获得帮助，比如残疾人互助、女性互助、单亲家庭互助等。日本社会保障体系中也有公务员互助年金。在德国不来梅有一个互助组织，规定所有参加这个组织的成员都必须尽自己的一切可能给其他成员提供帮助，该组织吸引了大批孤独者，如退休老人、单身妇女、孤儿、失业者等。

（二）按照运作形式划分

按照运作形式不同，互助保障可以分为互助保险、互助救济、互助服务等。互助保险是由社会团体承办或委托专业互助保险机构承办，遵循自愿和互助互济原则的会员合作制组织以保险为运作形式的互助行为。互助保险基金主要来源于会员缴费。互助保险又可以分为互助健康保险、互助年金、互助住房保险等。法国的互助医疗健康体系共有 3 600 万成员，管辖 2 000 多个机构（包括医院、诊所、药房），该保险体系的基本原则为互助，自愿加入，还可自由选择参加哪一家公司的互助保险。互助救济则是由慈善组织或非营利组织承办，主要针对贫病老幼残等社会弱势群体，以救助形式给予基本生活帮助的一种机制。由于组织形式不同，经费来源也不尽相同，主要有私人募捐、财政拨款等。互助救济的形式多样，如扶贫帮困、医疗救助志愿者（或义工）服务等都属于互助救济。

（三）按照互助内容不同划分

按照互助内容不同，互助保障可以分为经济互助、志愿者服务（义工）。前者是向受助者提供资金、有使用价值的物品，而后者则是向受助者提供服务。在许多国家和地区，大量的志愿者（义工）从事着互助保障和公益事业活动。在美国，有 60%以上的社会成员参与志愿服务。在以色列，20%以上的人参加志愿活动，平均每个月服务 16 个小时。在中国香港，参加志愿活动的市民占香港总人口的 20%，大约 100 多万人。

（四）按照互助机构服务范围划分

按照互助机构服务的范围，可以分为综合性互助保障与单项互助保障。前者是指一个互助组织能够提供多种互助保障或服务，如职工互助保障往往包括补充保险、互助救助以及互助服务等；后者则是专门为了满足参与者某种社会化保障需求而设立的，其职责较为单一，如一些国家的火灾互助保障，即专门为分散火灾风险而设置。

需要指出的是，与其他补充保障不同，互助保障更加直观地体现了社会保障的互助共济的精神实质，是原始形式以及传统与现代保障手段的结合。不仅如此，互助保障还可以通过适当的政策，引导家庭成员履行对年老一代的赡养义务、夫妇的相互扶助的义务。提倡邻里、街坊社区成员间的互助，有助于传统保障特色的更好保持与发挥。尤其是在城市化、工业化、人口流动加速和邻里关系日益淡化的现实情况下，社区互助创造了一种新型的邻里、社区关系，增强了社区成员之间的友爱感和归属感，还开创了某些新的职业（家政服务）或生活方式（志愿服务）。

四、中国的互助保障

（一）职工互助保障

职工互助保障是由中华全国总工会倡导组织、广大职工自愿参加的一种保费低廉、保障力度较大、手续简便、赔付及时、管理规范、不以营利为目的的互助互济保障活动。它是各级工会为满足职工的福利需求而组织职工在不断提高自我保障意识和互助友爱精神的基础上发展起来的一种补充保障措施，也是市场经济条件下各级工会履行维护职工权益职能的一种形式。在实践中，职工互助保障面向职工，以解决职工的困难并提供相应的服务为出发点，不以营利为目的，它充分发挥工会组织网络健全和职工人数众多的资源优势，可以在低成本条件下运转，从而具有生命力。在经费来源方面，一般包括工会经费补贴、企业或雇主投入、会员缴费、社会捐献等。在保障内容方面，职工互助保障涉及职工养老、医疗、灾祸救助、生活困难援助等多个方面，从而在一定程度上缓解了职工的特殊困难。

职工互助保障的主要形式是互助保险，即由一些具有共同要求和面临同样风险的人自愿组织起来，预交风险损失补偿分摊金的一种保险形式。这种互助形式曾存在于古今各种以经济补偿为目的的互助合作组织之中，如古代的工匠行会、商人行会、宗教行会、村落行会等各种行会。职工只需缴纳十元或数十元保费，当出现患病或意外灾害等情况时，可获得一定的赔付，可大大减轻职工的负担。职工互助保障工作之前主要在国有企业开展，从2010年起开始向乡镇街道和非公有制企业延伸，正在加大向其他企业推广的力度。

职工互助保障的特点有：第一，民主、平等的社员制。互助合作保障的所有权属于全体参与者，因此，参加互助合作保障的职工既是受益者，又是管理者。第二，自愿参与。凡职工均可以自愿参与，不强制，而享受保障的前提则是必须参与。第三，互助、共济。职工互助保障集工会、企业、个人的力量，形成互助保障基金，用于保障职工在遭遇特定事件时的生活，从而增强了职工抵御生活风险的能力，是个人与集体相结合、互利与互济相结合的保障行为。

（二）社区邻里互助

“远亲不如近邻”揭示了互助是中国的传统习俗。现代社区互助是由社区非营利组织面向本社区居民举办的各种社会服务的统称。市场经济带来的一个重大的变化，就是个人从计划经济时代依附于单位转变为社会人，而社区便成为人们独立生活的场所。与此相适应，过去由单位包办的各种生活服务及相关福利，亦必然要在社区寻找替代品。因此，在政府的支持下，大量的社区非营利组织得以产生，在解决社区存在的各种问题和满足社区居民的各种需求方面做出了贡献。改革开放以来，社区互助以提供各种便民服务为主要形式，逐渐扩展为涵盖社区福利、社区救助、教育、医疗保健、卫生体育、环境保护、家政服务、小区管理等在内的全方位社区互助，成为补充保障体系中日益重要的组成部分。从规范的社区互助保障要求来看，社区组织要把单向的帮困变为单向与双向互助帮困结合起来，形成互助的服务机制。换言之，社区居民每人一次性或定期缴纳一定的互助金，建立综合的或某一项目（如病伤互助、灾害互助等）的互助基金，当参与者发生困难时给予帮助。

从社区互助在中国一些地区的实践来看，它主要体现出如下一些特征：

第一，托底性。社区组织对社区成员在享受了基本保障后，遭遇到新的家庭无法解决的困难时，以及就业困难者给予补充性的托底保障，如面向非正规就业者的社区补充养老保险，面向特殊困难群体的社区救助，以及由社区、单位、个人共同出资举办的给患重病、大病、生活困难者提供医疗费补助的补充医疗保险，社区成员自愿参加的大病、重病互保，补充医疗保险等，均具有托底性特点。

第二，服务性。社区是社会成员常住生活的地方，社区成员的生活服务需求通常由社区提供，尤其是受保对象迫切需要社区提供无偿和低偿的服务保障时，更是其他社会化保障机制所无法满足的，如文体活动室、个人生活照料、康复医疗等公益性的服务设施和项目，以及一般的医疗保健等。社区互助服务和志愿者队伍提供的服务，能够起到很好的服务效果。

第三，群众性。社区互助保障是群众性的自我保障和互助保障，是群众行为，因此，充分发动社区内的单位和居民的积极性是搞好社区互助保障的基本保证。

第四，多渠道筹资。社区互助保障虽然以服务为主要手段，以志愿者参与为重要形式，但仍然有相应的资金要求，并且资金的积累规模决定着社区互助的保障水平与服务水平。因此，社区互助保障同样需要开辟多元化的筹资渠道，如争取政府财政支持、福利彩票收益援助、社会捐献，以及向有条件的接受服务者收取一定的费用。在中国的一些城市，已经出现社区型慈善组织，这些组织实际上是社区互助保障与慈善事业的混合体，它不排斥在外部募集资源却只为本社区居民提供服务。

（三）特殊群体互助

中华全国妇女联合会是中国共产党领导的中国各族各界妇女的群众组织，是中国共产党领导下的人民团体。中华全国妇女联合会的主要作用是维护妇女儿童合法权益，倾听妇女意见，反映妇女诉求，向各级国家机关提出有关建议，要求并协助有关部门或单位查处侵害妇女儿童权益的行为，为受侵害的妇女儿童提供帮助。教育引导妇女树立自尊、自信、自立、自强的精神，提高综合素质，实现全面发展。推动落实男女平等基本国策，营造有利于妇女全面发展的社会环境。宣传表彰优秀妇女典型，培养、推荐女性人才。关心妇女工作生活，拓宽服务渠道，创新服务方式，建设服务阵地，发展公益事业，壮大巾帼志愿者队伍，加强妇女之家建设。联系和引导女性社会组织，加强与社会各界的协作，推动全社会为妇女儿童和家庭服务。发展同世界各国妇女和妇女组织的友好交往，加深了解、增进友谊、促进合作、共同发展。

中国残疾人联合会，简称中国残联，是经国务院批准和国家法律确认的以残疾人自身为代表的组织，是由中国各类残疾人代表和残疾人工作者组成的全国性残疾人事业团体。其主要作用是团结、激励残疾人自尊、自信、自强、自立，为社会贡献力量。沟通政府、社会与残疾人之间的联系，宣传残疾人事业，动员社会理解、尊重、关心、帮助残疾人，消除歧视、偏见和障碍。促进残疾人康复、教育、劳动就业、扶贫、维权、文化体育、社会保障、科技信息化应用和残疾预防等工作，改善残疾人参与社会生活的环境和条件。

除此之外，中国还有大量官方、半官方、非官方的特殊互助群体，他们一般实行会员制，以本团体内部成员间的互助为主要活动内容，通过各种渠道进行宣传，唤起社会对该类特殊群体的关注，扩大团体成员的整体社会影响力，获得更多的社会资源，以改变或提高其社会地位。

第三节　商业保障

一、商业保险

（一）社会保险与商业保险

社会保险与商业保险的区别：一是性质不同。社会保险由国家立法强制实施，属于政府行为；商业保险是一种商业行为，保险人与被保险人之间完全是一种自愿的契约关系，属于个人行为。二是目的不同。社会保险不是以营利为目的，其出发点是为了确保劳动者的基本生活、维护社会稳定、促进经济发展；商业保险的根本目的则是获取利润，只是在此前提下给投保者以经济补偿。三是资金来源不同。社会保险由国家、用人单位和个人三者承担；商业保险完全由投保个人负担。四是保障范围和水平不同。社会保险面向全体劳动者，尤其是弱势群体，从稳定社会出发，着眼于长期性基本生活的保障；商业保险面向有经济能力的人，着眼于一次性经济补偿，保障水平较高。五是政府承担的责任不同。社会保险是公民享有的一项基本权力，政府对其承担最终责任；商业保险则受市场竞争机制制约，政府主要依法对商业保险进行监管，以保护投保人的利益。

两者的联系：一是社会保险与商业保险互为补充。社会保险具有普遍性的特点，尤其是使那些难以承担商业保险经济负担的劳动者也能获得保障机会；商业保险为那些有经济条件的人和有更高保障要求的人提供保障，满足了社会的特殊需求，两者在保障范围和水平上都能相互补充。二是社会保险与商业保险相互制约。在保险资源一定的条件下，社会保险和商业保险其中一方的发展往往会给另一方带来压力，甚至制约另一方的发展。三是社会保险与商业保险相互借鉴、相互推动。社会保险与商业保险在管理技术、投资经验等方面可以相互借鉴，从而有助于各自的健康发展。

（二）商业保险的种类

绝大部分商业保险都能部分承担、替代或补充社会保险。其中，与社会保障关系最为密切的商业保险主要有医疗险和养老险。医疗险分为普通住院或门诊保险和重疾险。门诊和住院保险承担的是在社会保险报销范围之外的住院或门诊费用，采取费用报销的形式；重疾险承担的是重症、疾病终末期或身故的费用，采取一次性给付的方式，缓解重症病人及家庭医疗费用的负担。商业养老保险较之社会养老保险更灵活，产品选择的自由性更大，还可以自己进行灵活配置，既可以为退休后多一份保障，也可以用于平时理财积累。这些商业保险都能与社会保险相互补充，相得益彰。除此之外，还有意外险、教育保险、人身安全保险、财物保险、人寿保险等各种灵活多样的商业保险，也能在一定程度上保障人民生活的各个方面。从而缓解因病致贫的家庭负担，到退休后提高生活质量，把商业保险与社会保险相结合，提高抵抗风险能力，能使社会保障更全面，更稳固。

（三）国家对商业保险的政策支持

《国务院关于保险业改革发展的若干意见》指出，应大力发展城乡商业养老保险和健康保险，完善多层次社会保障体系。明确提出要发展多样化健康保险服务，鼓励保险公司大力开发各类医疗、疾病保险，失能收入损失保险，长期护理保险等商业健康保险产品，并与基本医疗保险相衔接。

对于购买商业保险的个人和企业，国家也通过税收制度给予优惠，鼓励个人和企业购买商业保险。如个人获得的保险金收益中“保险赔款”一项可依《中华人民共和国个人所得税法》免征个人所得税；个人购买符合规定的商业健康保险产品的支出，允许在当年（月）计算应纳税所得额时予以税前扣除，扣除限额为 2 400 元/年（200 元/月）。单位统一为员工购买符合规定的商业健康保险产品的支出，应分别计入员工个人工资薪金，视同个人购买，按上述限额予以扣除。企业为职工建立补充医疗保险的，提取额在工资总额 4%以内的可从成本中列支，准予税前扣除。企业为全体雇员缴纳的基本养老、医疗、失业保险费和残疾人就业保障金以及为特殊工种职工支付的法定人身安全保险费，准予税前据实扣除等。

二、企业社会责任

企业社会责任（CSR）是指企业在创造利润、对股东和员工承担法律责任的同时，还要承担对消费者、环境和社区的责任，强调在生产过程中对人的价值的关注，对社会的贡献。

企业履行社会责任实质是企业拿出一部分利润回馈社会，因此可以看作是社会保障的一种补充。一方面，企业可集中资本优势、管理优势和人力资源优势对贫困地区的资源进行开发，既可扩展自己的生产和经营范围，又可弥补贫困地区资金的不足，解决当地劳动力和资源闲置的问题，帮助当地脱贫致富；另一方面，企业也可通过慈善公益行为帮助落后地区的人民发展教育、社会保障和医疗卫生事业，既解决当地政府因资金困难而无力投资的问题，帮助落后地区逐步发展社会事业，又通过公益事业达到一定的广告效应，提升企业的形象。

企业是社会的组成部分，更是所在社区的组成部分，与所在社区建立和谐融洽的关系是企业的一项重要社会责任。有社会责任的企业意识到通过适当的方式把利润中的一部分回报给所在社区是其应尽的义务。企业对社区的责任就是回馈社区，比如为社区提供就业机会，为社区的公益事业提供慈善捐助，向社区公开企业经营的有关信息等。世界著名的管理大师孔茨认为，企业必须同其所在的社会环境进行联系，对社会环境的变化做出及时反应，成为社区活动的积极参加者。很多社区在发展社会事业上投资不足或无力投资，这就需要调动一切可以调动的资本，企业应充分发挥资本优势，为发展社会事业，为成为一个好的企业公民而对外捐助。企业在发展社区教育、医疗卫生等社会保障事业上具有资金优势，通过支援社区养老服务、人文关怀、文化与艺术、城市建设等项目的发展，帮助社区改善公共环境。在自愿为社区工作的过程中，越来越多的企业通过项目投资、公益捐赠、管理合作等方式深入社区，在履行企业社会责任的同时获得了一定的经济和社会效益。社区居民通过与企业合作获得了工作或提高生活水平的机会，能在力所能及的范围内建设社区，有利于改善自己的生活环境。总之，企业履行社会责任带来的是企业和社区的双赢。

思考题：

1. 简述慈善事业与社会保障的关系。
2. 我国互助保障有哪些内容？
3. 社会保险和商业保险有哪些区别？
4. 企业社会责任有哪些？

参考文献

安树彬，赵润琦．当代慈善学［M］．西安：陕西人民出版社，2017.

蔡昉，高文书．中国劳动与社会保障体制完善与发展道路［M］．北京：经济管理出版社，2013.

曹立前．社会救助与社会福利［M］．青岛：中国海洋大学出版社，2006.

仇雨林．社会保障国际比较［M］．北京：中国人民大学出版社，2019.

仇雨临．员工福利管理［M］．上海：复旦大学出版社，2004.

仇雨临．员工福利管理［M］．2 版．上海：复旦大学出版社，2010.

丛春霞，刘晓梅．社会保障概论［M］．4 版．大连：东北财经大学出版社，2019.

邓大松，刘昌平．中国社会保障改革与发展报告 2019［M］．北京：人民出版社，2020.

邓大松．社会保险［M］．北京：中国劳动社会保障出版社，2015.

丁英顺．日本人口老龄化问题研究［M］．北京：社会科学文献出版社，2018.

胡晓义．新中国社会保障发展史［M］．北京：中国人力资源和社会保障出版社，2019.

黄晨熹．社会福利［M］．上海：格致出版社，2009.

李珍．社会保障概论［M］．3 版．北京：中国劳动社会保障出版社，2013.

李珍．社会保障概论［M］．4 版．北京：中国劳动社会保障出版社，2018.

林义．社会保险基金管理［M］．北京：中国劳动社会保障出版社，2015.

刘钧．社会保障理论与实务［M］．4 版．北京：清华大学出版社，2019.

刘晓梅，邵文娟．社会保障学［M］．北京：清华大学出版社，2014.

刘晓梅，邵文娟．社会保障学［M］．2 版．北京：清华大学出版社，2018.

龙玉其．社会保障实务与实训［M］．北京：经济管理出版社，2018.

卢守亭，贾金玲．人口老龄化与养老服务体系建设［M］．北京：社会科学文献出版社，2019.

陆学艺，李培林，陈光金．2013 年中国社会形势分析与预测［M］．北京：社会科学文献出版社，2012.

穆怀中. 社会保障国际比较［M］. 3版. 北京：中国劳动社会保障出版社，2014.

齐海鹏. 社会保障教程［M］. 大连：东北财经大学出版社，2006.

社会保障编写组. 社会保障概论［M］. 北京：高等教育出版社，2019.

宋士云. 社会保障学［M］. 北京：对外经济贸易大学出版社，2010.

宋晓梧，邢伟. 新中国社会保障和民生发展70年［M］. 北京：人民出版社，2019.

孙光德，董克用. 社会保障概论［M］. 北京：中国人民大学出版社，2016.

孙光德，董克用. 社会保障概论［M］. 6版. 北京：中国人民大学出版社，2019.

王德高. 社会保障学［M］. 武汉：武汉大学出版社，2018.

王延中. 社会保障绿皮书：中国社会保障发展报告（2020）［M］. 北京：社会科学文献出版社，2020.

吴鹏森，戴卫东. 社会救助新编［M］. 上海：复旦大学出版社，2015.

谢冰. 社会保障概论［M］. 武汉：武汉大学出版社，2011.

杨翠迎. 社会保障学［M］. 上海：复旦大学出版社，2015

章晓懿. 社会保障概论［M］. 上海：上海交通大学出版社，2010.

郑功成. 社会保障概论［M］. 上海：复旦大学出版社，2005.

郑尚元. 劳动和社会保障法学［M］. 北京：北京师范大学出版社，2010.

中国法制出版社. 中华人民共和国社会保险法·实用版［M］. 北京：中国法制出版社，2018.

周绿林. 社会保障概论［M］. 天津：天津大学出版社，2008.

周沛，易艳阳，周进萍. 社会保障概论［M］. 武汉：武汉大学出版社，2010.